U0561852

THE FINANCIAL TIMES GUIDE TO
HIGH-IMPACT NEGOTIATION
A Comprehensive Guide for
Executing Valuable Deals and Partnerships

学会谈判

如何谈出满意的结果

[波] 卡西娅·雅戈丁斯卡 ◎著
(Kasia Jagodzinska)

王电建 ◎译

机械工业出版社
CHINA MACHINE PRESS

Kasia Jagodzinska. The Financial Times Guide to High-Impact Negotiation: A Comprehensive Guide for Executing Valuable Deals and Partnerships.

Copyright © Pearson Education Limited 2023 (print and electronic).

This Translation of THE FINANCIAL TIMES GUIDE TO HIGH-IMPACT NEGOTIATION 1e is published by arrangement with Pearson Education Limited.

Simplified Chinese Edition Copyright © 2025 by China Machine Press.

This edition is authorized for sale and distribution in the Chinese mainland (excluding Hong Kong SAR, Macao SAR and Taiwan).

No part of this book may be reproduced or transmitted in any form or by any means, electronic or mechanical, including photocopying, recording or any information storage and retrieval system, without permission, in writing, from the publisher.

All rights reserved.

本书中文简体字版由 Pearson Education（培生教育出版集团）授权机械工业出版社在中国大陆地区（不包括香港、澳门特别行政区及台湾地区）独家出版发行。未经出版者书面许可，不得以任何方式抄袭、复制或节录本书中的任何部分。

本书封底贴有 Pearson Education（培生教育出版集团）激光防伪标签，无标签者不得销售。

北京市版权局著作权合同登记　图字：01-2023-5909 号。

图书在版编目（CIP）数据

学会谈判：如何谈出满意的结果 /（波）卡西娅·雅戈丁斯卡 (Kasia Jagodzinska) 著；王电建译 . -- 北京：机械工业出版社，2025.4. -- ISBN 978-7-111-78116-5

I. C912.35

中国国家版本馆 CIP 数据核字第 2025Z7H690 号

机械工业出版社（北京市百万庄大街 22 号　邮政编码 100037）
策划编辑：张　楠　　　　　　　　　责任编辑：张　楠　闫广文
责任校对：张勤思　张慧敏　景　飞　　责任印制：刘　媛
三河市骏杰印刷有限公司印刷
2025 年 7 月第 1 版第 1 次印刷
147mm×210mm・9 印张・1 插页・149 千字
标准书号：ISBN 978-7-111-78116-5
定价：69.00 元

电话服务　　　　　　　　　　　网络服务
客服电话：010-88361066　　　　机　工　官　网：www.cmpbook.com
　　　　　010-88379833　　　　机　工　官　博：weibo.com/cmp1952
　　　　　010-68326294　　　　金　书　网：www.golden-book.com
封底无防伪标均为盗版　　　　　机工教育服务网：www.cmpedu.com

赞誉

这本书极为精彩，堪称我所见之最佳。它指出了谈判过程中每个主要阶段的心理因素，并介绍了如何利用这些因素在谈判中取得成功。

——罗伯特·西奥迪尼博士，
《影响力》和《先发影响力》的作者

卡西娅·雅戈丁斯卡教授才华横溢、见解独到，所有从事谈判工作的人都有必要读一读她所撰写的这部经典之作。书中条理清晰地概述了谈判过程中从准备到达成协议的关键步骤。最重要的是，它强调了所有高风险谈判中始终存在的情感因素。这是一本谈判从业者必读的书。

——加里·诺斯纳，美国联邦调查局
危机谈判组前组长（已退休）

卡西娅·雅戈丁斯卡博士从引领谈判者了解自己入手，

带领读者了解高影响力谈判的整个过程,以及在这一复杂过程中会遇到的诸多挑战。本书是所有商务谈判者的必备指南。

——杰克·坎布里亚中尉,美国教官、警务顾问、企业培训师、纽约市警察局人质谈判组指挥官

本书精辟地概述了具有挑战性的谈判过程,对于所有积极参与商业活动的人士,都是必读的书。

——乔纳森·福斯特,美国惠普公司高级副总裁兼全球财务总监

这是一本"烧脑"的好书,亦是一部谈判汇编,能指导你完成整个高效谈判过程。你或许会从中发现一些真知灼见,从而颠覆固有的谈判方式……只为助力你成为一位更加出色的谈判者。

——阿内特·韦伯,瑞士宝齐莱公司管理委员会成员和集团首席财务官

这本书引领读者了解谈判的全过程,同时提供了大量实用的工具和策略,旨在帮助你成为一名成功的谈判者。无论是初学者还是谈判专家,都能在这本卓越的指南中找到实用技巧和方法,即学即用。

——勒内·科茨,瑞士毕马威会计师事务所合伙人兼管理咨询主管

谨以此作将无限的爱

献给我的父母

作者致谢

对于一位作者来说，最幸福的事莫过于身边围绕着一群能够激励你、挑战你、支持并鞭策你不断精进的伙伴。在撰写这本书的过程中，我有幸结识了许多优秀的专业人士，他们都非常愿意与我及我的读者慷慨分享自己的经验。每当再次翻阅那些我随手记下的名字时，创作过程中的点点滴滴便历历在目。每一次访谈都给我留下了深刻的印象，不仅烙印在我的脑海中，也渗透进这本书的字里行间。

我要感谢培生出版社的出版商埃洛伊丝·库克，她十分专业，给予我很大支持，因此我的写作过程非常顺利。

我永远感谢迈克，他不断地激励我，推动我超越极限，感谢他对我坚定不移的信任。迈克始终都是我动力的来源。

米歇尔·马切伊·科斯特茨基名誉教授是我在这段旅程以及其他许多旅程中的思想和情感伙伴。我很荣幸多年前在飞往巴黎的飞机上坐到了您的旁边。与您的相遇改变了我的人生轨迹，对此我无法用言语表达我的感激之情。

能够依靠他人，这非常难得。感谢马尔桑一直陪伴着我。我们曾在爱琴海上就商业和生活进行了最深入的探讨。

我还要感谢我的培训学员、客户和学生，感谢他们敞开心扉，与我分享他们所面临的挑战。正是因为他们，我才看到了工作的意义。

对知名专家的采访对本书的写作而言至关重要。首先，我要向美国联邦调查局前探员加里·诺斯纳表示感谢。您确实是我见过的最可爱、最慷慨、最专业的人。我很感激我们的会面，它开启了一段丰富而宝贵的友谊。

我很荣幸能结识杰克·坎布里亚中尉，您是一位真正的绅士。纽约市警察局能有您的加入，真是一件幸事。感谢您总是能迅速回应我的请求，还尽可能腾出宝贵时间，让我得以向您请教。

我一直欣赏言行一致的人。我要对传奇人物罗伯特·西奥迪尼博士表示感谢，感谢您在接受采访时所表现出来的极具个人特色的洞察力。您提到的弗罗茨瓦夫的相似性原则非常值得赞赏。

勒内·科茨是第一个接受我采访的人，多亏了您，我的采访才得以顺利进行。您的专业精神和人格魅力，在言谈间尽显无遗。

对亚历山大·科斯特茨的采访改变了我的思维方式。

感谢您新颖、高瞻远瞩的谈判观点，让我们感受到了真正的纽约风情。

感谢阿内特·韦伯让我完成了一次非常直接、友好的采访。当写作过程过于耗费精力时，您关于健康习惯的建议帮助我重回正轨。

我们很少遇到知名度高的专业人士在谈及商业时引用莎士比亚的名言。谢谢您，索娜丽·帕瑞克，感谢您使那次启迪思维、成熟而开放的采访成为现实。与您的交流是一场知识盛宴。

有时，我们遇到的人，哪怕只是擦肩而过，也会立刻成为我们的榜样。与米歇尔·奥利耶的会面，对我来说就是这样的一次经历。感谢您的成熟和专业。

我遇到过众多鼓舞人心的女性，其中塔尼亚·米基是我最感谢的一位，她不仅给予我支持，还分享了她在专业领域和其他领域谈判的娴熟方法。

要做到随心所欲，需要真正的专业技能。贝妮塔·赫斯轻松地做到了这一点。感谢您接受我们的即兴采访，感谢您对新机遇的敏锐洞察力。

法比耶娜·施鲁普-哈塞尔曼，您的灵魂之美在接受采访时显露无遗，您的智慧更是熠熠生辉。感谢您兼具专业精神和人性化的表达。愿商界能涌现更多如您这般的女商人。

感谢乔纳森·福斯特友好而高效的沟通。我很欣赏您在谈判、商业等方面不拘一格的观点，这正是您如此成功的原因。

非常感谢肖恩·怀特利·维里分享的成交技巧。您在采访准备阶段和采访过程中反应迅速、效率极高，我对此表示感谢。我们需要更多像您这样的商业专家！

感谢丹尼尔·舍恩费尔德博士，您是个言而有信的人。在您圆满完成多场效果显著的谈判数月之后，仍然拨冗履行我们之前的采访约定，我对此表示由衷的感激。能从您的经验中得到启发，我倍感欣喜。

感谢丹·斯坦纳对我的信任，将团队发展托付给我。感谢您在韦尔比耶带来的如此畅快淋漓的采访体验。若一个人周围都是杰出人才，且身处良好的环境之中，最好的灵感就会迸发出来。

对斯蒂芬·哈特曼博士的采访是对谈判技巧的实际应用。感谢您精心准备并分享了您深思熟虑的想法。

我还要感谢亚历山德罗·索尔达蒂的积极回应，您就高潜力初创企业的谈判问题提出了令人耳目一新的见解。

在写作过程中，克里斯蒂娜和克日什托夫·斯捷平西给予了我大力支持。你们分享的生活和商业逸事是我灵感的源泉。我永远不会忘记我们一家人共度的特殊时刻。

谨以此书献给我的父母。感谢你们的奉献与牺牲，让我过上更好的生活，尽情享受我所做的一切，包括能够写书。任何言语都无法表达我对你们的敬爱和感激之情。

作者简介

卡西娅·雅戈丁斯卡博士将学术生涯与谈判领域的国际商业实践相结合。作为国际谈判专家,她为来自欧洲、美国、亚洲和中东地区最大企业的高管提供指导和培训。这些企业包括莫德纳(Moderna)、微软、毕马威、亚马逊、奥多比(Adobe)、慧与科技公司(HPE)、帝肯(Tecan)、巴斯夫等。[⊖]

她从之前接受的荣格分析心理学培训中汲取灵感,将权力动态、自我因素和对心理因素的认识融入所开展的培

[⊖] 莫德纳,一家总部位于马萨诸塞州剑桥市的制药和生物技术公司,专注于RNA疗法,主要产品是mRNA疫苗;毕马威,世界顶级会计专业服务机构;奥多比,一家美国跨国计算机软件公司,成立于特拉华州,总部位于加利福尼亚州圣何塞;慧与科技公司,前身为惠普公司的企业级产品部门,2015年11月从惠普公司独立出来;帝肯,一家瑞士公司,为制药和生物技术公司、大学研究部门、诊断实验室和诊所提供生物制药、法医学、临床诊断和医疗技术方面的实验室仪器和解决方案;巴斯夫,德国化工公司。——译者注

训课程中。

她曾担任联合国驻日内瓦高级顾问,职责是在多利益相关方谈判和利益冲突管理方面提供援助。

作为一名教授,她与来自瑞士、法国、意大利和波兰的大学生一起工作。她拥有国际法博士学位,精通多种语言和文化,曾在多个国家生活和工作。

卡西娅·雅戈丁斯卡博士是"谈判促进法"的创始人,这是一种将谈判中与任务相关的方面和潜在的心理因素相结合的创新商务谈判方法。她的两本书均介绍了这种新方法。在《谈判促进法:高效谈判的终极自我赋能指南》(*Negotiation Booster: The Ultimate Self-Empowerment Guide to High-Impact Negotiations*, Business Expert Press, 2020)一书中,她分享了通过自我定向管理在谈判中取得成功的策略;《成功谈判之道:提升职业生涯的个人指南》(*Negotiate Your Way to Success: Personal Guidelines to Boost Your Career*, Business Expert Press, 2021)是一本实用指南,内容源自她在全球各地谈判的各种经历,包括成功的经验和失败的教训。

在与各行各业的商业专业人士的合作中,她深入了解了他们在高效谈判中面临的挑战。她热衷于帮助他人取得成功,提高他们的谈判力。

前 言

本书为谈判制胜提供总体框架，引导读者参与谈判全过程，涉及准备、交易、谈判结束和执行谈判确定的条款。花时间阅读这本书，你将能够规避与高效谈判相关的常见陷阱。本书将成为你出色赢得谈判的战略指南。试想一下，这将为你今后的谈判带来何等丰厚的回报，又将为你带来多大的竞争优势。

战略准备、执行能带来高效谈判的成功。原因很简单，谈判者在参加谈判时，如果对谈判目标有清晰的认识，且掌握一套步骤来助力自己达成目标，那么他就会以理性为主导，避免受到情感的支配。对内，这有助于集中精力执行谈判战略；对外，这是自信、谈判团队权力和实力的象征——这些都是商业成功的标志。

许多谈判者之所以谈判失败，是因为他们在谈判过程中感情用事、缺乏明确的目标，且战略混乱。通常，仅仅是给谈判贴上"困难"或"高风险"的标签这种轻率的判断，就足以让一些谈判者失去理性，错失达成一致的机会或使公司蒙受损失。

如果我有八个小时来砍一棵树，我会花六个小时磨斧头。（亚伯拉罕·林肯）

与这句名言所说的相反，谈判往往是凭直觉，根据即时情况来做出反应的。谈判者倾向于根据自己多年来在商业活动中养成的某些根深蒂固的习惯行事。因此，公司内部谈判常常是相关人员习惯模式的拼凑，谈判团队缺乏统一的方法，也没有明确的谈判任务。这种内部不统一的情况又被迁移到外部谈判中：没有谈判工作组，也没有明确的执行计划。在重要的交易中，这种情况尤其危险。为了降低这种风险，参与高价值交易的成员需要一个"路线图"，指导他们如何做好战略准备，实施和执行哪些谈判流程，以及如何避免陷阱，以达成最佳交易。

与其他商业活动一样，谈判也具有货币价值。然而，在影响力大的交易中，其价值往往超过交易金额本身——谈判不仅是金钱上的较量，更是一场关乎公司的商誉、品牌形象、长期商业机会和业界关系的博弈。因此，从战略角度了解谈判过程并做好准备，是企业管理的终极形式。在所采取的战略中体现出统一的谈判使命，可使谈判者以专业的形象示人，被视为值得信赖的商业伙伴，继而实现组织目标。

谈判并不因签署协议而结束。当谈判确定的条款得到落实，双方建立起稳固的业务关系时，谈判才算结束。正确理解并应用这一逻辑，是区分交易撮合者与真正的价值创造者的关键所在。前者签署的文件数量多，但并不一定能转化为长期可执行的协议。而真正的价值创造者则有能力在执行任务的过程中架起合作桥梁，深化长期关系，从而抓住尚未开发的商业机会。要成为真正的价值创造者，谈判者需要了解如何进行战略准备、执行谈判过程并使其与公司目标保持一致。

本书适用于任何需要进行谈判，且需要一份战略性强、易于实操的谈判指南的读者。本书将战术准备与自我管理相结合，从而帮助读者培养出一种谈判思维模式，其特点是更高水平的自我控制力、自信心和议价能力。这种方法不仅会影响谈判团队的所有成员，还反映了公司的谈判使命和价值观。这种成功的集体思维模式建立在战略基础上，将助力谈判团队在商业领域及其他方面取得更大的成功。

如何使用本书

本书提供简单明了且易于使用的框架，既可用于谈判前的准备工作，也可在谈判过程中随时用作参考，以提高达成可执行的高效协议的概率，同时确保业务关系的长久性。本书介绍了谈判过程中的战略方针，即执行谈判计划所需的具体步骤，旨在帮助你完成谈判使命，达成任务导向的目标，并建立商业关系。书中观点巧妙地引入了执行性思维和行动策略，以确保谈判者能在谈判桌上灵活应变，从而获得长期竞争力。

本书提供了谈判的全方位指导，共分为两部分。第一部分介绍战略准备阶段必需的谈判思维模式。你将了解如何确定谈判使命宣言、设定目标时应考虑哪些因素、如何确定目标、收集哪些信息、如何选择正确的方法以及线上谈判时应注意哪些事项。第二部分主要与谈判流程有关。在此部分，你将学会在谈判中，如何为了创造价值而营造合适的氛围。同时，你还将探索如何通过主动发起讨论并成功推进交易环节，在谈判中夺得先机。谈判的最后一步是促成交易，并在谈判结束后维护和发展长期的合作关系。

本书内容丰富，包含很多实用见解，这些见解来自：

- 作者与多位国际知名谈判家、商务领域专业人士及欧盟和联合国官员的共事经历。
- 对多位在国际上享有盛誉的谈判家和专家的访谈，他们分享了许多实用技能。他们包括：
  - 加里·诺斯纳特工，曾任职于美国联邦调查局危机谈判组。

- ○ 杰克·坎布里亚中尉,来自纽约市警察局人质谈判组。
  - ○ 罗伯特·西奥迪尼博士,作家、主旨演讲家、著名影响力研究科学家。
- 对顶尖商务和行业专家的访谈,他们来自各大知名企业和机构,包括巴斯夫、宝齐莱、卡地亚(Cartier)、克莱尔(Clair)、Goldavenue、惠普、毕马威、Medicxi、Mitto、莫德纳、铃盛(RingCentra)、罗兰贝格(Roland Berger)、帝肯。㊀

此外,每一章都有实操环节,有助于你将理论付诸实践,将概念应用到具体谈判语境中。其中包含以下工具:

- 模板和核对清单,帮你从头到尾梳理谈判计划。
- 真实案例,突出谈判者最常犯的错误以及避免这些错误的实用技巧。
- 练习题。
- 自我评估工具,用于评估和监控自我进展。
- 选自《金融时报》的文章,有助于引发思考。

㊀ 宝齐莱,瑞士制表品牌;卡地亚,法国奢侈品品牌;Goldavenue,瑞士贵重金属投资在线平台;惠普,美国跨国信息科技公司;Medicxi,医疗保健投资公司;Mitto,全渠道通信解决方案供应商;铃盛,云商务通信和联络中心解决方案供应商;罗兰贝格,战略管理咨询公司。——译者注

目 录

赞誉

作者致谢

作者简介

前言

|第一部分| 谈判思维模式

第一章　谈判之道，源于内心　/ 2

第二章　谈判使命宣言　/ 24

第三章　设定目标　/ 39

第四章　确定目的　/ 60

第五章　收集必要信息　/ 75

第六章　决定谈判的最佳方法　/ 94

第七章　线上谈判　/ 115

第二部分　谈判过程

第八章　营造合适的谈判环境　/ 130

第九章　在谈判中创造价值　/ 147

第十章　在谈判中发挥主导作用　/ 165

第十一章　展开谈判　/ 183

第十二章　成功应对谈判交锋阶段　/ 200

第十三章　成交　/ 218

第十四章　谈判后保持势头　/ 235

结语　/ 249

要点汇总　/ 252

谈判框架　/ 259

术语表　/ 262

第一部分

谈判思维模式

第一章

谈判之道，源于内心

无论你觉得自己行还是不行，你都是对的。

——亨利·福特

☐ **本章概要**

- 专业人士在谈判中面临的常见挑战，以及化解之道
- 如何说服自己提高谈判能力
- 实用的自我赋能技巧

谈判之前的自我管理至关重要

谈判，绝非两个人之间简单的交易博弈。在B2B、B2C、C2C、C2B等商业模式盛行的时代，我们很容易忽

略一点,那就是谈判没法用一个简单的缩写来表达。假若真能表达,那么最优的缩写莫过于 H2H(Human-to-Human),即人与人之间的互动。谈判,首先是一场人与人之间的较量,双方带着各自的需求、恐惧、顾虑、希望和愿景展开博弈。而这场博弈,始于你自身。正因如此,我们将从个人的思维模式出发,进而探讨谈判的流程设计。在高压谈判中,你需要首先戴好自己的"氧气面罩",做好充分的准备,再进行人际互动,进入谈判流程。在内在层面,我们可以采取不少措施来增加自己的谈判筹码。一个好的起点是审视那些普遍存在的挑战,意识到自己并非孤军奋战,这本身就会让人感到些许慰藉。在现实谈判中,许多人会感到需要伪装自己,戴上面具。谈判者的身份要求他们表现出相应的行为,而他们往往立场强硬,基于双方实力开始谈判。实际上,强硬的背后可能隐藏着谈判者内心的不安。毕竟,最好的防御就是进攻。但事实果真如此吗?高明的谈判者无须伪装,因为他们的内心足够强大。他们将内在的自信与战略准备和流程设计相结合,游刃有余地应对谈判。

谈判训练是一片独特的场域。在这里,专业人士卸下伪装,坦诚地分享他们在日常谈判中遇到的困境。多年来,我致力于为商务人士提供谈判训练、咨询和协助,他们的经历让我深刻地认识到，他们所面临的挑战普遍源于他们自己的内心。成功的谈判始于自我管理，需要我们掌控情绪，克服恐惧，明确自我认知，打破固有习惯，消除偏见，坚定信念。**你需要战胜的第一个也是最重要的谈判对手，就是你自己。**

我的训练课程通常以圆桌介绍开始。我会邀请参与者简单介绍自己，并分享他们经历过的最具挑战性的谈判场景。在这个过程中，两个现象尤为明显。首先，介绍环节的结构会影响后续的交流氛围。首位发言者往往决定了整个环节的基调和框架。例如，如果首位发言者介绍了自己的姓名、职位、司龄以及一些个人信息，那么接下来的发言者通常会遵循同样的介绍模式，我从未见过有人打破这一规律。这是在现实谈判中至关重要的一条经验。**在谈判开始之前，以非常规的方式设计谈判场景，成为谈判过程的引领者，那么其他人也会追随你的脚步。**谈判不是一场竞赛，也不应该被视为竞赛。谈判并非在发令枪响起时才开始，而是从两位谈判者首次见面时就已悄然启动。谈判者在初次见面时建立的人际关系，会直接影响后续的谈判过程顺利与否。因此，**先处理好人际关系，再处理具体事项。**

其次，参与者专注于倾听他人分享的经历。意识到并非只有自己身处困境，这往往会让他们茅塞顿开。如果会议中的其他人有类似的经历，那么他们的谈判对手也可能同样如此。我的经历可以证明这一点。曾有谈判双方向我袒露心声，而他们的顾虑竟然惊人地相似。

最常见的挑战以及化解之道：雪儿和马达加斯加精神科医生的深刻见解

认知是改变的第一步。认识到自己面临的挑战，有助于你增强自信，提高自己的谈判表现。以下是一个简单快捷的技巧，可以帮助你认识到阻碍自己发挥全部潜力的谈判习惯。你或许熟悉歌手雪儿（Cher）的歌曲《如果我能让时光倒转》(*If I Could Turn Back Time*)。这正是你应该在脑海中练习的事情。每一次谈判结束后，无论其规模如何，请扪心自问：**如果我能让时光倒转，我的做法会有哪些不同？** 经过十次这样的个人复盘，你就会发现自己的行为模式。你会在不同的情境下反复犯相同的错误。一旦你识别出这类错误，你就可以采取正确的行为去纠正它。

商务人士向我透露的最大挑战，莫过于自我赋能。其他的一切困难，皆源于此。审视"能力"的概念，不失为一种破局之道。外界传统的观点认为，个体 A 的能力可以使个体 B 屈从于个体 A 的意愿，做出个体 B 原本不会做之事。而另一种定义则认为，个体能力能够使一个人自身行动起来，获得预期结果，达成特定目标。这种内在的能力存在于内心深处，是一种重要的资源，可以内化，也可以外化。令人欣慰的是，我们可以通过一些技巧来提升自我赋能的能力。

在马达加斯加的精神动力学理论中，有一种有趣的自我赋能技巧，叫作"比洛"（Bilo）。它是一种用于治疗自卑者的古老仪式：在 15 天里，自卑者将扮演国王的角色，并受到众人的尊敬。周围的人会穿着仆人的服装，像对待真正的国王一般尊敬他，称呼他为"陛下"，为他准备盛大的宴会和舞蹈。在仪式的最后一天，众人将为他"加冕"。身着盛装的"国王"会登上约两米半高的平台，脚边放着一尊小雕像。高高在上的"国王"一边享用盛宴，一边欣赏宫廷侍者为他表演的祭祀舞蹈。奇迹发生了，大多数自卑者在经历了比洛之后，都摆脱了自卑的困扰。我并不是让你照搬这项古老的仪式，但你可以试着与那些能帮你提升自信的人相处，并让他们把你当成一位老练的谈判者。久而久之，你也会视自己为老练的谈判专家。

现代商务人士的话语表达了对自身能力的怀疑：

- 我很难升职，不是一名合格的竞争者。
- 我想我缺乏谈判的天赋。谈判过程一旦涉及情绪或个人层面，战略层面的谈判能力就会下降。
- 我容易陷入被动，被情绪控制。
- 我缺乏对全局的掌控感。
- 我对成功没有信心。
- 我将对方视为"强势方"，将自己视为"弱势方"。
- 我难以在理性与情绪之间找到平衡。
- 我怀疑自己在谈判中是否拥有话语权。

在上述示例中你是否看到了自己的影子？倘若如此，以下的自我谈判技巧或许能对你有所帮助。它旨在通过心理强化实现方法和心法之间的平衡，进而帮助你积极地进行谈判准备。这种组合方法能够有效地让你了解到你有能力对谈判过程产生正向影响，释放你内在的谈判潜力。

提问式自我谈判技巧

第一步：我能说服对方吗

方法：创造一个双方互相需要的环境。想想对方的需求，想想你要怎样做才能让对方意识到只有你才能满足他的需求。保持开放的心态，激发创造力，不要自我贬低，也不要苛求自己。

第二步：书面答复

方法：在纸上写下你拥有的所有可能对对方有价值的资源。这将直观地展示你拥有的诸多优势，而你可能没有完全意识到它们。将清单放在显眼的地方，以保持谈判的动力。

第三步：列举能得出肯定答复的三个具体理由

方法：关注积极的方面。发挥你的想象力。表达需要清晰明确。不要一厢情愿。不要使用"如果……就好了"这样的句式，而是使用"他们会接受我的提议，因为……"这样的句式。

第四步：如何设计谈判流程

方法：思考准备工作、开场白、谈判诉求、策略和战术。在本书中，你将更深入地了解这些内容；或者，你也可以参考本书目录，它将为你提供一个框架。

第五步：如何掌控自我

方法：在本章讨论的自我赋能技巧中，哪一种最能引起你的共鸣？将其作为自己默认的赋能方式，在谈判中不断加以强化。

谈判者面临的次要挑战主要可以分为以下三类：情绪管理挑战、自信挑战和策略性挑战。

情绪管理挑战

以下是谈判者可能遇到的情绪管理挑战的例子：

- 在谈判过程中，会被对方的情绪影响。
- 他们厌恶冲突，会尽一切努力避免冲突。
- 一些触发因素会导致他们情绪爆发。
- 容易被情绪操控，易受谈判压力影响。
- 过多共情，变得过于敏感。

尽管人类自诩为理性生物，但我们的行为主要受情绪支配。谈判是人与人之间的互动，也是两种情绪能量的碰撞。如果不谨慎处理，可能会对正在进行的谈判产生负面影响。例如，谈判对手的言行可能会对你造成影响。最佳的应对策略是，不要将这些事情放在心上。时刻提醒自己：对方也面临着挑战，也有弱点和不足。这会让你更容易专注于你试图实现的目标。

在谈判过程中，如何减少情绪反应是许多人关心的问题。尽管谈判是人与人之间的交流互动，但也需要遵循一定的战略框架。你可以对谈判的内容充满热情，但一旦开始谈判，就必须让理性主导情绪。否则，善于谈判的对手会利用你的情绪波动为自己谋取利益。

当你察觉到情绪开始影响你的判断和反应时，可以请求暂停谈判。这一请求无可厚非，你可以利用这段时间重新聚焦于谈判目标。无论是被对方的言语激怒，还是意识到自己的言论失控，你都可以使用这一技巧。重点在于，你需要抓住时机退后一步，进而整理自己的思绪（上文的"让时光倒转"练习或许会有所帮助）。

棋盘策略：战胜情绪管理挑战

闭上双眼，将谈判场景想象成一盘棋局。棋盘代表谈判环境，棋子代表谈判者。你需要细致入微地构想谈判的所有细节，在脑海中尽可能模拟真实的谈判场景：你将如何行动？你希望对方如何表现？谈判将在何处进行？谈判环境如何？你的谈判能力和心态如何？

现在，让我们更进一步。假设你是"上帝之手"，拥有操控棋子的力量。你会如何设计棋盘来实现你的目标？你需要设想棋子的移动路径，最终将对手逼入谈判的死角。

另一种方法是进行**心理演练**。

具体而言，你可以闭上双眼，反复想象自己在谈判中取得成功的场景：谈判伊始你是强势的一方，带着坚定的信念提出要求，达成最终的协议，并以建设性的方式主导讨论……你需要在脑海中构建自己在未来想要的结果。想想那些你意欲逃避的挑战，再想想你渴望自己成为的样子。接下来，安排好自己未来的行动，预设你想要做出的选择并反复演练，直到它成为你自身的一部分。

自信挑战

以下列举了谈判者在自信方面可能遇到的若干挑战：

- 害怕表达自己的要求。
- 回避冲突。
- 害怕坚持自己的立场，不敢提出反对意见。
- 无法坦然接受胜利。

自信不足和过度自信都会带来问题。然而，大多数情况下，问题往往出在自信不足上。例如，你可能会扪心自问："我是一名优秀的谈判者吗？""我是否有能力赢得这次谈判？""我足够强大吗？""我会成功吗？"这些问题暴露了你在自我怀疑，而对方很容易察觉到并利用这一点来为自己谋取利益。

有些谈判者缺乏提出异议的勇气。拒绝一个提议并不意味着谈判的结束，相反，它可能意味着你的谈判对手会认为你有更好的选择，或准备坚持自己的诉求，甚至有可能退出谈判。这可能会促使他们重新审视自己的立场。请牢记一点，谈判是为了实现自己的目标，你不应该签订一项对你不利的协议。不必担心提出反对意见会影响你与对方的关系。倘若确实如此，那么这段关系本来就无法长久，因为它是不平等的。

另外，一个人可能会过于自信。这类人往往自认为占尽优势，因此会将自己的想法和解决方案强加于人。如果你发现自己存在这些问题，可以通过一些简单的方法来解决。你需要提醒自己，谈判是一场讨论，要想达成令人满意的结果，就必须经过双方的沟通和相互理解。你应该给对方留足时间权衡利弊，回答你的问题，并表达他们自己的想法。如果你表现得过于自信，则会让对方心生抵触，进而产生防御心理，不愿意合作。

VCR 技巧：战胜自信挑战

如果你阅读过我的作品《谈判成功之道》，你可能会对可视化 - 自信 - 实现（VCR）这一技巧有所了解。"可视化"是指创造预期情绪。它包括设定目标、想象成功的感觉，以及根据谈判计划朝着预期的结果不断努力前进。"自信"意味着在内心确信自己提出的要求是合理的，并明确地表达自己的诉求。"实现"则是指在目标和信念的驱使下，将计划付诸行动。

以加薪谈判为例，在"可视化"环节，你可以想象自己收入提升后的情景以及财务自由的感觉。这将成为你实现预定目标（薪资增长）的强大动力。"自信"源于你为获取加薪而付出的努力，以及你对自身努力的认知。许多人低估了自己的价值或者自身工作带来的贡献。在"实现"环节，你需要在信念的驱使下去争取应得的加薪。VCR技巧可以帮助你带着积极、自信的心态进入谈判。

策略性挑战

以下是谈判者可能会遇到的一些策略性挑战：

- 在初始阶段便将所有底牌亮出，导致后续谈判缺乏筹码。
- 未就规则达成一致便贸然开始谈判。
- 为了迅速达成交易而操之过急。
- 仓促寻求折中的妥协方案。

情绪管理和自信方面的挑战属于内在挑战，而策略性挑战则兼具内在和外在的属性。那些被情绪而非理性主导的人，往往没有充分准备就会仓促进入谈判；或者在紧张激烈的谈判氛围中，他们的策略在执行上土崩瓦解。缺乏自信同样会对战略实施产生负面影响，如果你带着恐惧、犹豫和不自信进入谈判，即使拥有最好的策略，也无法发挥出全部的潜力。

这些挑战可能早在谈判开始之前就已存在，也可能在你意识到自己并非处于强势地位时才出现。例如，当你发现谈判对手态度轻慢时，可能会感到灰心——初级谈判者或女性谈判者通常会这样。在这种情况下，你不应该灰心，而应该礼貌地坚持自己的立场。没有必要争论谁才是强势的一方，这只会分散你对目标的注意力。专注于你想要达成的目标，而不是进行人身攻击。你应该主导谈判的议程和战略执行，以证明自己在谈判桌上的价值。

在谈判过程中，一个常见的错误是谈判者操之过急。在高风险谈判中，如果谈判过程比较仓促，一般不会有最佳结果。建立信任以达成互惠协议需要时间，这是谈判双方建立伙伴关系的关键条件。最重要的是，时间于你有利无害，你可以利用时间平复情绪，增强自信，执行谈判策略。总之，耐心是关键。

此外，不要将谈判视为一次性过程。多数情况下，谈判不仅仅是为了达成交易,更是为了建立长期关系。如果急于求成,可能会错失某些未曾察觉的机会。典型的例子是,如果谈判者一开始就亮出所有的底牌,或者过早做出承诺,那么他们的谈判空间就会被大幅压缩,使自己陷于不稳定且缺乏安全感的境地。

本书旨在应对最常见的谈判挑战。一方面,它是一本指导谈判过程的策略指南;另一方面,它提供了实用的技巧和心理工具,能帮助你实现自我赋能。

谈判事前分析法:战胜策略性挑战

通常情况下,一旦交易失败,我们总能清楚地知道哪些环节本可以做得更好。因此,可以想象一下你可能出现的问题,这种预想问题的过程就是最好的预防措施,能帮助你避免这些不利情况的发生。谈判事前分析法即构建一种虚构的场景,设想谈判已经失败。这种方法将帮助你识别谈判策略中存在的漏洞,而谈判对手可能会发现并利用这些漏洞来对付你。

那如何进行谈判事前分析呢?在谈判准备阶段,先起草一份谈判计划书,设想最理想的情况;接下来,给自己写一封拒绝信。将自己置身于对方的立场,尽可能使这封信显得真实。如果你自己写不出拒绝信,可以请一位你信得过的顾问帮你起草。

谈判事前分析案例

尊敬的谈判者：

感谢您向我们提交商业提案。我们的采购部门已经仔细考虑了他们收到的所有提案。尽管您的提案很有吸引力，但很遗憾地通知您，我们决定不采纳您的提案。原因如下……

非常感谢您愿意与我们合作，并祝愿您在未来的业务中取得成功。

敬上！

> **专家观点**
>
> 罗伯特·西奥迪尼博士
> 作家、主讲嘉宾、美国工作影响力公司（Influence at Work）总裁
>
> 事前自我说服可以用来自我赋能，以实现特定目标。记得我在攻读博士学位时，博士项目中共有六个人，其中一个同学每次考试都能取得接近满分的成绩。我们都很好奇，他是如何取得这样的高分的。毕竟，从智力上看，他与我们并无太大差异。我问他是如何做到的，他没有直接回答，而是将我的注意力引向了一个有趣的现象。
>
> 站在考场门外时，你会遇到许多学生。通常情况

> 下，面对即将到来的考试，他们会感到担忧、紧张。大多数人很在意那些可能导致他们失败的弱点和缺点，这种情绪具有传染性，如果你屈服于它，它就会对你产生消极影响。但这位同学的做法却与众不同，他会专注于回想自己以往通过努力取得的成功。当其他人站在那里焦虑重重时，他却迫不及待地想要快点开考。
>
> 面对困难，那些担心自己表现不佳的人会选择放弃，而那些对自己充满信心、相信自己能够做好的人，则会在逆境中坚持不懈。我的建议是，给自己注入一种能力感，鼓励自己坚持下去，把自己往前推一把。花点时间复盘你以前获得的成功，从而培养自信心。在这一过程中，不要太在意自己的弱项，多思考过去的成就，就会产生积极的结果。强势的姿态并不能解决问题，成功的秘诀在于你的内心看法。因此，请多想想自己取得的成绩，为自己赋能。

除了战胜挑战，建议你强化积极的习惯，树立合乎道德标准的行为准则。最终，你所做的事将决定你成为什么样的人。 根据我的实践经验，我整理了一份理想特质和行为的清单，以下便是一个优秀且高效的谈判者应遵循的十条戒律。

谈判者应遵循的戒律

1. 目的明确。
2. 尊重他人。
3. 心态开放。
4. 谈判灵活开放。
5. 有责任心。
6. 受人喜欢。
7. 善于沟通。
8. 诚信行事。
9. 明确自己的底线,永远不要在自己的价值观上妥协。
10. 不要伤害他人。

要点总结

1. 谈判中,你要战胜的最关键的对手其实就是你自己。
2. 谈判是人与人之间的互动。
3. 谈判面临的挑战是普遍存在的,你和其他谈判者很可能面临同样的挑战。
4. 你可以把控自己的心态,只有你自己才能让自己发挥出全部的谈判能力。
5. 聚焦自身优势,不要让挑战阻碍你的前进。

下面这篇由安德鲁·希尔（Andrew Hill）撰写的文章《谈判是一件棘手的事，最好交由专业人士完成》探讨了谈判困难的一些原因。

谈判是一件棘手的事，最好交由专业人士完成

安德鲁·希尔
《金融时报》2020年1月20日

上周，白宫与中国签署了"第一阶段"贸易协议，唐纳德·特朗普在协议签署前发表了长篇讲话，其中他对女婿贾里德·库什纳开玩笑道："贾里德，这比纽约的房地产还要难搞，不是吗？"他们二人都是地产大亨，特朗普以一种看似谦逊的方式向对方炫耀了自己的谈判能力。不过，这句带有调侃意味的反问却在无意间揭示了一个事实：大多数谈判都棘手而复杂，难以用简单的套路来解决。美国前总统特朗普在其1987年的畅销书《特朗普：交易的艺术》中也曾提出此类谈判套路。书中，他总结了自己的谈判方法："我会设定一个很高的目标，不断推进，不停地努力，直至得到我想要的。"我们此处不宜深入探讨中美贸易协议的细节，但特朗普将这场贸易战的初步停战描述为"一个不可思议的突破",我对此并不认同。在许多引发敌意的问题上,双方仍然存在分歧,这并不利于快速达成"第二阶段"协议。经验丰富的双方谈判代表都希望各自的高层领导不要插手谈判过程。我有一位朋友,三十年来,他一直代表某大型跨国公司与政府和企业进行谈判。他曾表示:"每个人都认为自己是一名谈判者,应该由他来力挽狂澜,但事实上,谈判者职位越高,谈判结果就越糟糕。"上级签署的文件和协议草案往往混乱、零散,而这位朋友的工作就是从"混乱中理出条理"。谈判初始和结束阶段不可避免会出现上周在华盛顿特区上演的那种客套场面,或者是在英国即将进行脱欧谈判的前一周,英国首相鲍里斯·约翰逊和新任欧洲委员会主席乌尔苏拉·冯德莱恩之间的争论情景。然而,涉及细节上的讨价还价时,谈判就应该交给谦逊、老练而耐心的专业人士。大多数谈判结果不尽如人意,其中两个原因在于:谈判者将谈判视为竞争而非权衡取舍的过程,并依靠说服来取胜。谈判咨询公司 Scotwork 刚刚完成了一项调查,调查对象是来自 31 个国家的近 5000 名未经训练的谈判者。这项调查旨在了解他们的商业谈判经验。结果显示,仅有不到 1/4 的谈判最后促成了更牢固的关系,并带来更大的长期价值。

缺乏经验的谈判者承认，他们在谈判前没有做足准备，存在职业失范问题等。例如，38%的销售人员认为，谈判时可以向对方撒谎。

特朗普所描述的优势——"我只是一直在努力推进"，可能就是一个致命的弱点。Scotwork的董事理查德·萨维奇（Richard Savage）表示，没有多少人会在谈判中考虑"我能做出哪些让步？"这一问题，"如果他们认识不到这是一个交易过程，那么协作的通道就会被封闭，谈判行为就会开始走下坡路"。在有些商业交易中，谈判者展现了娴熟的谈判技巧，整个过程更加巧妙，也更加注重协作。例如，聪明的谈判者一定会事先准备一些"鸽子"，以便随时提供给对方。这些"鸽子"价值有限，但听起来会是重要的让步，目的是换取对方的正反馈。如果谈判中的一方发现对方放出的是一只毫无价值的"鸽子"，他们应该愤怒地揭露这只"鸽子"是"巴米赛德"（Barmecide），缺乏诚意。"巴米赛德"源于《一千零一夜》中一位富人的名字，他邀请乞丐赴宴却飨之以空盘。脱欧谈判中，似乎缺乏这种巧妙的谈判策略。英国在谈判过程中肆意使用"红线"一词，声称他们绝不接受红线以下的谈判，而且冲动地设定谈判截止日期。虽然听起来很坚定，但实则可以轻易变动。专业谈判者对英国这些做法感到非常失望。对于萨维奇来说，谈判在2016年公投后陷入僵局并不令人意外。他表示："最根本的原因是英国政府在脱欧谈判中的傲慢和强硬态度。"约翰逊在谈判风格上的转变至少打破了之前的僵局，但展望未来，我的谈判家朋友担心"要谈的事太复杂，日程安排也太不合理：我知道与一个对手谈判需要多长时间，更不用说与27个（欧盟成员国）了"。培训提供商Scotwork得出结论（可能是为了推销自己的培训服务），谈判者需要培训。萨维奇表示，这些谈判技巧"不仅适用于处理家庭纠纷、购房和子女抚养问题，也同样适用于一名金矿工人与阿散蒂国王（Ashanti king）谈判的场景"。然而，更重要的教训是，大多数买家在签订合同后仍不得不与供应商打交道，就像美国在"第二阶段"之后必须继续与中国进行贸易，英国在脱欧之后也得和欧盟贸易一样。很少有关系会随着协议签署程序的结束而终止，所以应该避免让任何一方在谈判结束后感到不满。

资料来源：Hill, A. Negotiation is tough and should be left to professionals. *Financial Times*, January 20, 2020.

© The Financial Times Limited 2020. All Rights Reserved.

延伸阅读

1. Burg, B. and Mann, J.D. (2018) *The Go-Giver Influencer. A Little Story About a Most Persuasive Idea*. New York: Portfolio/Penguin.
2. Carnegie, D. (2006) *How to Win Friends and Influence People*. London: Vermilion.
3. Cialdini, R. (2021) *Influence. The Psychology of Persuasion*. New York: Harper Collins Publishers.
4. Cialdini, R. (2016) *Pre-Suasion. A Revolutionary Way to Influence and Persuade*. London: Random House Books.
5. Cuddy, A. (2016) *Presence. Bringing Your Boldest Self to Your Biggest Challenges*. London: Orion.
6. Ellenberger, H.F. (1970) *The Discovery of the Unconscious. The History and Evolution of Dynamic Psychiatry*. New York: Basic Books Inc. Publishers.
7. Greene, R. (1998) *The 48 Laws of Power*. London: Profile Books Ltd.
8. Jagodzinska, K. (2020) *Negotiation Booster. The Ultimate Self-Empowerment Guide to High-Impact Negotiations*. New York: Business Expert Press.
9. Jagodzinska, K. (2021) *Negotiate Your Way to Success: Personal Guidelines to Boost Your Career*. New York: Business Expert Press.

第二章

谈判使命宣言

"请问,离开这里我应该走哪条路呢?"爱丽丝问道。
"这主要取决于你想去哪儿。"猫咪回答道。
"我并不在乎去哪儿。"爱丽丝说道。
"那么,走哪条路都无关紧要了。"猫咪说道。
——刘易斯·卡罗尔(Lewis Carroll)《爱丽丝梦游仙境》

☐ **本章概要**
- 如何撰写谈判使命宣言,使其在实践中发挥作用
- 设计使命宣言的实用技巧
- 谈判使命宣言备忘清单

什么是谈判

为了定义谈判使命和价值宣言,有必要认真了解一下什么是谈判。我们为什么要进行谈判?传统定义假设存在

两个具有不同需求和共同需求（否则就不会有谈判）的当事方，他们试图达成一项双方都能接受的协议。谈判通常涉及对有限资源的分配，或如何看待对有限资源的分配。对任何读过谈判类书的人来说，这都耳熟能详了。因此，商务从业者已经学会在这种概念边界内操作。有意使用"边界"一词，是因为谈判通常被视为达到一个简单目的（也就是达成交易）的手段。但实际上，谈判的范围远远超出了交易本身。

谈判是一个完整的系统。如图2-1所示，谈判有三个层面。第一个层面，即中心层面始终是个体自己——每个当事方都有自己的需求、利益、希望、担心、关注点和期望。因此，谈判始于对自我内在因素的管理，而这些内在因素则是外在谈判行为的驱动力。然后是内部层面——团队内部的谈判，他们在己方范围内讨论交易条款。最后一个层面是双方谈判代表之间的外部互动。这是双方代表进行的交流，旨在达成一个满意或基本满意（最低限度）的结果。传统的谈判定义只涵盖了最后一个层面。只关注外部层面，可能会导致对内部层面的流程和技巧缺乏了解，影响整个团队的谈判效果。

谈判不仅仅是达成交易的工具，也是各行各业的核心业务之一。无论处于哪个行业、哪个地区，也无论业务范围如何，公司都把大量时间花在了谈判上。商业专业人士经常告诉我，他们每天从早到晚都在谈判。就资源分配和时间投入而言，这些都是巨大的成本（包括沉没成本和机会成本）。令人惊讶的是，很少有团队会觉得谈判本身也能带来经济价值，他们只关注其最终产品——交易本身。

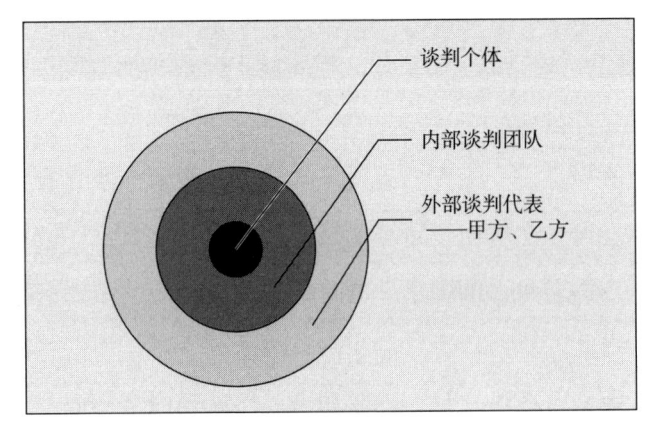

图 2-1　谈判系统

加里·诺斯纳特工，美国联邦调查局危机谈判组前组长，参加了许多生死攸关的谈判，包括备受争议的韦科惨案⊖的谈判。与劫持者的谈判无疑风险最大。诺斯纳回忆

⊖ 韦科惨案（The Waco siege）是指大卫教教徒与美国联邦调查局特工之间的一场较量，双方对峙时间长达 51 天。1993 年 4 月 19 日，随着该宗教组织位于得克萨斯州韦科附近的据点被火焰吞噬，这场对峙宣告结束。该事件造成近 80 人丧生，其中包括联邦特工、孕妇、儿童和其他教派成员，教派领袖大卫·考雷什也未能幸免。

道，任务完成后，美国联邦调查局官员很想知道他是怎么让劫持者投降的。劫持者的答案通常是："我们不记得你到底说了什么让我们出来，但我们喜欢你给我们的感觉。"这会不会是谈判成功的秘诀？你是否曾经问过你的客户或商业伙伴，为什么选择和你而不是你的竞争对手交易？很可能他们的回答与劫持者的回答类似。

谈判不是达成交易的手段，而是实现（并成功执行）团队整体使命的引擎。因此，应该清晰定义谈判使命。谈判使命将会创造出独特的谈判文化——一种所有谈判者都遵循的方法，这是你和其他所有谈判者的不同之处。虽然几乎每家公司都有谈判使命和价值宣言，但有（如果有的话）明确规定的谈判使命的很少。明确谈判使命是成功的核心驱动力之一，同时也有利于提高团队效率。缺少明确的谈判使命是一个严重的疏忽。

什么是谈判使命宣言

大多数资料表明，谈判应该从设定战略性的目标和战术性的目的开始（这两个主题将在第三章和第四章中详细讨论）。如果是在理想环境中进行谈判，这个顺序可能会奏效。

实际上，谈判很少脱离业务活动的整体背景。谈判使命远比谈判的目的和具体目标更为宽泛。正如图 2-2 所示，整个谈判过程从谈判使命开始，一直持续到谈判成功。

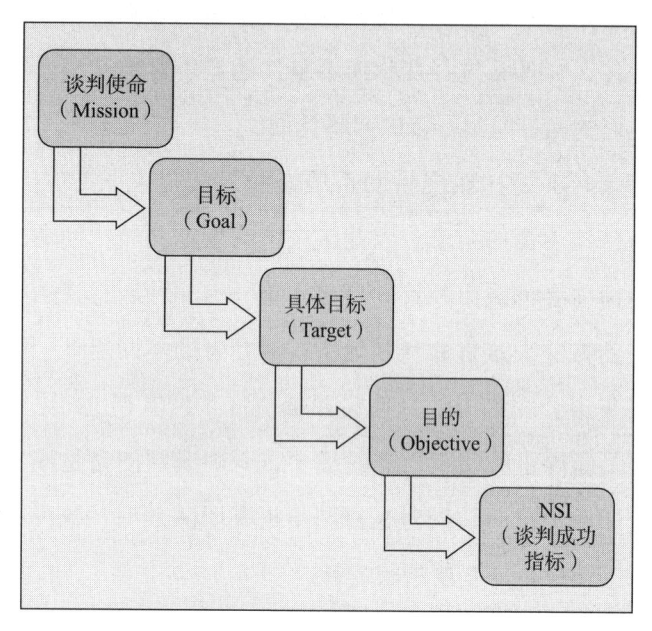

```
谈判使命（Mission）
  → 目标（Goal）
    → 具体目标（Target）
      → 目的（Objective）
        → NSI（谈判成功指标）
```

图 2-2　从谈判使命到谈判成功的过程

如果没有谈判使命，那么所有谈判人员都会运用他们习惯的谈判方法。他们将在谈判中自由发挥，按照他们个人的偏好、规则和标准行事。其结果是，谈判风格五花八门，缺乏一种其他商业伙伴能够认可和欣赏的独特风格。

撇开谈判不谈，想想那些没有总体愿景的公司会发生什么情况。员工如何知道应该往哪个方向努力，客户和其他利益相关者又如何知道与公司做生意能带来什么好处？尽管从公司的角度来看，忽略谈判使命显然会对公司产生负面的影响，但屡见不鲜。

谈判使命旨在明确内部和外部的目标。谈判价值观则描述了有助于实现这些目标的行为和举动。这些价值观必须明确而具体，不能留下太多的解释空间。设定谈判使命让我们拥有明确的方向，并且知道如何行事才能达成目标。其中最关键的优势或许就在于它能让人集中精力，有的放矢。我们可以把精力和时间用来实现目标，而不是质疑自己每一步的决定。此外，谈判使命宣言能赋予活动以意义。荣格认为，要想获得意义，我们需要深入理解情景并整合其中的分离元素（C. G. Jung, *Collected Works* 第 7 卷，第 224 页）。换句话说，当我们识别出这些元素背后的某些模式时，我们就能获得意义。

为了明确谈判使命宣言，从一个基本问题入手会很有帮助：**我们将如何取胜**？这个问题将成为一个筛选机制，你需要认真分配时间和其他宝贵资源。因此，在谈判中，那些阻碍你赢得高风险谈判的讨论、会议、电话等都将受到限制。每一个决定，无论是做出让步还是提出要求，都要紧密围绕谈判使命宣言进行。

"**我们将如何取胜？**"这个问题具有双重属性。一方面，它是任务导向的，从这个意义上说，它着眼于获胜，即追求货币收益最大化。另一方面，它又是价值导向的，会迫使你做选择——为获得谈判胜利，哪些行为可以采纳（或不可以采纳）。稍后本章会介绍公司谈判使命宣言的示例，你将从中发现，一个有效的使命宣言通常会平衡两个方面的内容：任务和价值。

以下模板中包含了某些支撑谈判使命达成的价值观，可以帮助你确立谈判使命。

谈判使命备忘清单

- 审视公司的使命宣言，确定公司的核心价值观。
- 这些价值观在你的谈判方法中是否已有所体现？如果有，是哪些？哪些尚未体现？
- 你希望公司在谈判中展现怎样的形象——有竞争力的、合作的、面向未来的，还是以客户为中心的？
- 将这些价值观融入你的谈判使命宣言中。
- 让谈判使命与明确的目的和原则保持一致。
- 确保谈判使命切实可行。

谈判使命备忘清单——应用实例

- 假设公司的谈判使命主要是为客户服务。

- 如果是这样，我们就期望谈判的结果是达成一个可持续的长期协议。
- 目前需要考虑的是，如何向对方传达这种以客户为中心的理念。
- 为了在谈判使命宣言中体现这种以客户为中心的理念，可以融入以下价值观：合作、共赢、终身客户、合作伙伴关系等。
- 谈判使命与明确的目的保持一致，例如，侧重关系导向还是任务导向，透明度如何，以及如何理解盈利能力（不仅指财务盈利能力，还应包含双方关系亲密度）。
- 谈判使命宣言切实可行。应该引入监督程序，以确保外部谈判人员在与客户打交道时言行一致。
- 消除任何偏离谈判使命和价值观的行为，避免它们演变成一种新的、不受欢迎的谈判使命。

谈判使命示例

我们公司的谈判使命是，通过共同参与寻求可持续商业关系的过程，为客户获取增值服务。

....

公司的使命宣言通常由高层管理人员制定。同理，谈判使命宣言也应该由最高层决策者（而非执行层面的谈判者）来制定。谈判文化自上而下推行，先形成于公司内部，随后这种文化会在公司的外部事务中表现出来。

落实谈判使命的秘诀在于价值观——它们是实现谈判使命的手段。因此，谈判使命和价值观需要相辅相成。许多谈判之所以失败，是因为谈判使命（或者根本就没有谈判使命）与价值观脱节。我在公司内部开展谈判培训时，时常看到公司总部的走廊上挂着巨幅海报，上面展示着公司的使命宣言或价值愿景。这些口号不断提醒员工公司的立场和目标。当我提出将公司的使命宣言和价值观作为谈判基础时，这个建议通常会引起人们浓厚的兴趣，他们十分惊讶为什么之前没有人想到这一点。

准备谈判使命宣言时，需要考虑的关键点

- 就支持谈判使命的共同价值观达成一致，是谈判成功的关键因素。这意味着管理层和谈判者需要识别公司的共性与特性，并将其体现在谈判使命和价值宣言中。
- 如果一家公司是在各种资源和关系的基础上构建使命宣言的，那么这家公司也许更能实现绩效提升。而单纯关注增长的狭隘增长观似乎并不能提高绩效。
- 公司谈判代表的个人看法将影响使命宣言的定义。

因此，对于那些将代表公司传达使命，并在谈判过程中践行使命的个体，我们有必要了解他们对公司使命的看法。

只有拥护谈判使命的人，才能被视为真正的谈判者。在确定谈判使命宣言之前，应该先考虑到这一点。谈判者对谈判使命的看法是否与已有的谈判使命相契合，决定了践行谈判使命的成败。

在确定谈判使命时，需要考虑到每位谈判者的个人价值观，因为这些个人价值观将作为谈判的起点，决定谈判者的初始立场；在后续的交易谈判过程中，也会成为他们面对职业伦理问题时的行动指南。因此，应根据谈判者展现出的个人价值观来指定谈判者：这些谈判者需要在谈判中平衡他们的个人价值观与公司利益（代理–委托困境）。

对于管理者和谈判者来说，一个最棘手的伦理问题是利益冲突。这要求他们在公司价值观与个人需求之间取得平衡。在这种情况下，代表自己进行谈判可能会更容易，因为这样更有可能拒绝个人利益的诱惑，以维护自己个人的诚信人设。然而，当代表公司进行谈判时，个体的人设负担可能就显得没有那么重了。在集体环境中，个人谈判者在伦理方面始终存在更大的风险，因为他们的个人责任被集体稀释了。

谈判各方都有各自坚守的价值观，如果在谈判过程中他们的价值观发生了冲突，则需要建立冲突解决机制。在这种情况下，决定性的考量因素应该是这些价值观是否能提高谈判过程的整体效率。在保证基本价值体系不崩溃的前提下，我们有时可能需要在某个核心价值观上做出让步，以促成整体合作。评估哪些价值观是不可妥协的，将会有所帮助。价值观的冲突往往源于各方认为其价值观不可谈判，因此，辨别这些价值观是客观上不可谈判的，还是仅仅看上去是不可谈判的（即在某些条件下不可谈判，但在条件变化后又变得可以谈判），显得尤为重要。例如，如果谈判者的备选方案不够理想，他们就更有可能在原本神圣的价值观或问题上妥协。

公司的愿景和价值观取决于其领导者。因此，领导者应该考虑到每个个体的价值观和利益，然后为整个组织建立全面的规范。通过这种方法，领导者就能够与其成员进行沟通协商，获得他们的认同和支持。

谈判使命被视为推动谈判的核心目标和价值观实现的引擎。因此，明确定义谈判使命是落实各项原则的前提。在理想的情况下，应该平衡盈利能力和那些不可量化的方面。商业领袖分享的见解表明，有必要正式确定"我们想要得到什么"——这涉及解决"**我们将如何取胜?**"的问题,并将其答案纳入长期战略谈判计划。

> **专家观点**
>
> 勒内·科茨
> 瑞士毕马威会计师事务所合伙人兼管理咨询主管
>
> 在高风险交易中,谈判使命更多涉及目标和原则,而非更具操作性的具体任务。我的谈判行为背后的关键原则是,我只相信双赢的交易结果。在高风险谈判中,如果实现不了双赢,我们必须做好放弃的准备。为了实现双赢,谈判双方必须有明确的目标,即交易能产生经济效益,并且我们销售的项目有可能成功。对我来说,这些目标的实现意味着我能够兑现自己的承诺。透明度很重要——双方都需要知道他们正在参与什么,以便达成双赢协议。面临的挑战可能是,某些目标已经正式确定,例如可量化的因素;但还有一些目标尚未正式确定,例如对交易的长期评估。这两方面的因素加起来,就构成了"我们想要得到什么"的总体目标,而这一目标往往很难得到足够清晰的阐述。
>
> 我不相信"购买交易"。这意味着,例如,仅仅为了交易成功就以更低的项目价格成交,之后再试图

> 通过追加销售来弥补损失。这种做法最终会适得其反，导致与对方的关系破裂。我更喜欢采取一种"终身客户"的方法。我们希望彼此能够坦诚相待。有时候，我们想进入某个特定的市场，为了达到目的，初期可能会降低利润率或降低项目价格。但是，我们必须清楚地向对方解释这样做的原因，以免让对方产生某种固定的财务预期，这样一来，当日后利润率提高时，对方就不会感到惊讶。
>
> 在我们的组织架构中，合作伙伴不仅要负责达成交易，还要负责交易后续的顺利执行，这意味着要与对方长期合作。他们需要意识到自己行动的后果，履行义务，处理客户关系。
>
> 在高风险交易的谈判中，应秉持的基本价值观包括：目标明确、高透明度、追求长期发展（"终身客户"心态），以及意识到交易的未来影响。

分析世界顶级公司的使命宣言和价值观宣言，可以为确立谈判使命提供启发。我推荐你去这些公司的网站上看看。

如何根据这些分析确立你自己的谈判使命——明确你想要实现的目标。确保谈判使命和价值观能够相互协同，形成一个有竞争力的提案。

使用公式 W-H-M（What – How – Means）——你想做什么，打算怎么做，以及通过什么方式。然后加入辅助性的价值观来强化它。

有人认为，实际上，大多数公司内部都有谈判使命宣言和价值观宣言，不过这些宣言并没有对外公开。他们担心，将这些信息公之于众可能会对公司不利，因为这样对手更容易分析这家公司的策略，进而调整策略来应对竞争。根据我与全世界的交易谈判高管交流的经验来看，事实并非如此。无论是在内部还是外部，很少有公司会明确其谈判使命和价值宣言。

自我练习

我们的谈判使命是……（填写你想实现的目标），通过……（指明手段），实现……（填写你最终的目标）。

我们的核心价值观：

——列出三四个将使命与具体原则联系起来的正向价值观

——示例：透明度、诚信、合作、创造力

要点总结

1. 缺乏明确的谈判使命是一种战略劣势。
2. 在高风险谈判中,谈判使命旨在清楚地告诉所有人你的目标是什么。
3. 价值观说明了有助于实现目标的行为和行动。
4. 谈判前,首先回答这个问题:我们将如何取胜?
5. 确保谈判使命和价值观相互兼容,相辅相成。

延伸阅读

1 Dermol, V. (2013) *Relationship between Mission Statement and Company Performance*. International School for Social and Business Studies Celje, Slovenia, January 2013.

2 Jung, C.G. (1953) *Two Essays on Analytical Psychology. Collected Works*. Vol. 7. New York: Pantheon Books.

3 Khalifa, A.S. (2012) *Mission, Purpose, and Ambition: Redefining the Mission Statement*. University of Sharjah, United Arab Emirates, 03.08.2012.

4 Mowles, C. (2008) *Values in International Development of Organisations: Negotiating Non-Negotiables*. 21 Jan 2008.

5 Spear, S. (2017) *Impression Management Activity in Vision, Mission, and Values Statements: A Comparison of Commercial and Charitable Organizations*. University of the West of England, Bristol, UK, 3.03.2017.

6 Welch, J. and Welch, S. (2005) *Winning*. HarperCollins.

7 Williams S. (2019) *The Financial Times Guides, Business Start Up, 2019/20 edition. The Most Comprehensive Guide for Entrepreneurs*. FT Publishing. (See: Chapter 11: Names and brands)

第三章

设 定 目 标

领导力与目标和愿景密切相关，管理与目的密切相关。
　　——罗素·L. 奥诺雷（Russel L. Honoré）

☐ **本章概要**
- 明确目标为何重要
- 如何在高风险谈判中设定目标，并将其与具体目标联系起来
- 哪些挑战和陷阱会削弱目标的有效性

警惕目标不明确可能造成的后果

你已了解到，谈判使命宣言指明了谈判的方向。它指明了价值观和认可的行为，将引领你或你的公司谈判成功。

目标是为完成谈判任务而制定的具体计划。它是推进谈判进程、实现最终理想状态（如签订协议、建立合作伙伴关系或就特定交易的一系列条款达成一致）的驱动力。设定目标是谈判开始前首先要做的一件事。即兴发挥固然很好，但在没有明确目标的情况下参加谈判是一种冒险之举。有一位首席执行官就有过惨痛的教训。

那是一个周五的傍晚，巴黎一家大型跨国公司的首席执行官正准备离开办公室。他已经准备好要去过一个轻松愉快的周末——从去他最喜欢的小酒馆享用一顿丰盛的晚餐开始，游客们闻所未闻的那种。过去一周很漫长，实际上是辛苦的好几周。年底是所有战略决策出台的时候。公司的高层管理人员忙于制定目标，这些目标将对公司的未来发展产生决定性影响，要么走向成功，要么落后于竞争对手。会议没完没了，高层管理人员忙于处理的大量事务没完没了。除了一如既往的年终忙碌，公司正在经历一次重要的转型，其中涉及组织架构的变化。这一转型在很大程度上依赖人力资源部门。

这位首席执行官刚关闭电脑上的最后一个文件，人力资源部主管突然从门外走了进来。"您现在有空吗？"她问道，"我想问您一件事，很快就好。""快"这个字眼仿佛拥有魔力，他答应了她。他可以快速处理，只要听她说完，就可以去吃喝玩乐了。他立刻站起来，跟着她来到会议室。她说到做到，没有浪费太多时间，直接切入主题。

结果人力资源部主管提出了一个重大的要求——大幅加薪，还有其他较小的要求。如果领导不同意，她将在周一递交辞职信。这个要求很棘手。公司因为面临财务困难刚刚停止了加薪。今年没有奖金，也没有任何其他经济奖励。由于内部重组和节约成本的政策，公司正在裁员。

人力资源部主管的要求让这位首席执行官措手不及。他首先想到的是，他们在一起共事了7年，他还没有做好让她离职的准备。此外，她在公司当前的转型工作中有着举足轻重的作用。如果她此时离开，整个项目可能无法成功，这将对公司的未来造成严重影响。在这样一个周五下午，一场高风险的谈判肯定不是首席执行官期待的，他也没有为此做好充分的准备。他不假思索地同意了她的要求。然后，他出去吃晚饭了。不知道为什么，那天晚上的饭菜和酒水突然变得索然无味。

谈判由三个驱动力组成：受动机和多种情绪支配的个体、需要完成的任务（达成交易）以及双方之间的关系（伙伴关系）。目标定义得当，我们就能开展目的明确的讨论，而这个讨论将涵盖以上三个因素。

就个人而言，一旦知道自己的目标是什么，你就可以适当调整行为和反应，实现目标。这就意味着，至少从长远来看，你很可能会受理性而非情感的驱使。在我们的培训过程中，这位首席执行官与我分享了他的故事。我们共进行了20次会谈，其中有19次涉及之前人力资源部主管的情况。我们从各个可能的角度进行了分析，以至于我们的交流逐渐变成对谈判的"精神分析"。即使过了相当长的时间，这位首席执行官仍然不能释怀。我猜想，如果他知道那次沟通将演变成一场高风险谈判，他就不会在没有明确目标的情况下贸然开始。

虽然目标设定与个人层面之间的联系可能不太明显，但目标与任务执行之间的关系却一目了然。就任务的实现而言，设定目标将成为一个检查点。一个有用的问题可能是：我是否正在实现目标？谈判人员经常被提醒要紧盯奖励（即目标）。如果一个人不清楚自己的目标到底是什么，那么他再有想象力也难以找到正确的方向。这位首席执行官并不清楚谈判的目标是什么——是在艰难时期维护公司的利益，还是维护与人力资源部主管的关系，又或者是在人力资源部主管提出苛刻要求时保全自己的面子？

根据目标的不同，谈判重点可能会从纯粹的任务导向转向关系导向。如果高风险谈判的目标是建立持久的合作伙伴关系，例如在合资企业谈判中，或者在公司采取"终身客户"方针的情况下,双方关系将成为最终目标的指路明灯。这位首席执行官之所以陷入两难境地,可能是因为双方目标的脱节。当了解到那次"快速沟通"实际上是一次棘手的谈判时,这位首席执行官的第一反应就是,他不想失去这位人力资源部主管,当时不想,在经过这么多年的合作之后更不想失去。也许这位人力资源部主管的做法完全是因为任务量太大,又或者,她故意采用了一种出其不意的谈判策略。

设定目标的三步指南

了解是什么在激励你

设定目标时,谈判者所采用的方法将反映在谈判结果中。谈判者设定目标的方式会影响他们所能取得的成果,包括内部(自我赋能)和战略层面的。需要注意的是,实现相同的预期目标并不一定需要采用相同的方法。不同的谈判者会有不同的偏好,没有放之四海而皆准的解决方案。目标的设定和实现与动机密切相关。理解个体的动机是制定其可以努力实现的目标的先决条件。一个明确定义的目标必须满足两个条件:从战略层面看,目标必须与预期的谈判结果相一致；在自我赋能层面，目标必须激发谈判者的积极性。许多谈判之所以失败，是因为在制定目标时，制定者通常从战略层面出发，而没有考虑到谈判者本人及其背景、喜好、习惯和倾向，谈判者被视为执行目标的工具。与我共事的高管经常向我坦言，他们通常不太相信那些上级直接传达给他们的目标。在这种自上而下的目标设定方法中，谈判人员缺乏主人翁意识，而主人翁意识是实现目标的关键因素。

选择正确的方法

设定目标时可以采用两种方法：促进性的和预防性的。促进性方法倾向于将目标视为希望、愿望或抱负，并通过关注积极的结果来实现目标。而预防性方法则将目标视为责任、职责或义务，通过关注负面结果来实现目标。采取促进性方法的谈判者更有可能达成最佳的综合解决方案，因为他们最关心的是实现理想目标。有鉴于此，他们会积极采取灵活的方式。这并不奇怪，当谈判者专注于实现积极的结果时，他们会对未来产生预期情绪。这种情绪是通过想象达到某种状态而产生的。快乐会让人上瘾，而心灵的力量是无限的，它可以创造性地实现和维持快乐。只要能想象出想要的结果，你就能将其变为现实。

像赢家一样瞄准目标

大量研究证明，任务目标定得高有好处。在谈判前的会议上，我经常听到这样的话："我们至少要做到……"一旦说了这句话，我们就很容易预料到，这一最低要求将会成为谈判最终达成的结果。谈判桌另一边老练的谈判者能立刻察觉到他们达到你的最低要求的那一刻。一些细节，如身体放松，不再像之前那样积极追求更高的目标等，都会暴露你的谈判底线。

以下是设定高目标的积极意义：

- 相比设定模糊且较容易的目标，设定有挑战性的具体目标（例如，谈判的税率比以往项目高出20%）更容易取得更好的客观成果。
- 雄心勃勃的谈判者有助于各方达成更高效的协议。
- 鼓舞人心的目标能激发创造力和创新思维，有助于找到实现目标的新方法。
- 具有挑战性的高目标能激励谈判者更加努力地工作，突破谈判的极限。
- 一旦实现了更高的目标，就为今后实现更宏伟的目标打开了大门。设定更高的目标可以创造一种成功的文化和习惯。

虽然此处推荐设定高目标，但这一做法也可能会产生反作用。首先，设定的目标如果始终无法实现，就会对未来产生消极影响。在设定目标时，我们需要谨慎考虑，找到一个平衡点，使得目标既具有挑战性，又是可实现的。

其次，在谈判过程中，制定远大的目标总是鼓舞人心的，但是谈判者的成功可能会让对手感到十分不满。因此，谈判者会被认为是不讨人喜欢的，双方的关系也会破裂。对于一次性的谈判来说，这种负面影响或许无伤大雅，然而，如果考虑到双方未来的互动，很重要的一点是我们需要平衡好两方面的需求：既要实现高目标，又要建立良好关系。

一份帮助你制定目标的战略指南

- 制定的目标应清晰明确，避免抽象。目标越具体，你（和你的谈判伙伴）就越容易知道你到底想获得什么，也就越容易采取相应的行为来实现目标。

例如，"我们不能再失去客户了"就是一个表述不精确的目标。可以将其优化为：到202×年第一季度末，我们需要至少拿下9个新客户。

- 目标应该是可衡量的。谈判过程应该分阶段进行，并根据预先确定的关键目标指标（KGI）来监测目标的进展情况。

以"到202×年第一季度末，我们需要至少拿下9个新客户"为例，我们可以衡量第一季度中每个月的进展情况。如果能在一月底之前获得3个新客户，那么我们就可以判定本季度第一个月进展顺利。

- 目标应具有挑战性，通过持续监测并审查哪些目标有效、哪些无效，不断对其加以调整。
- 歌手雪儿的这首歌对我们很有帮助：《如果我能让时光倒转》。每次谈判结束后，问问自己，如果时光倒转，你会如何设定目标？在目标定义和执行方面，你会做出哪些改变？
- 雄心勃勃的目标可能会让人不堪重负。为了保持动力，将大目标分解成更容易实现的小目标会很有帮助。一步一个脚印总比停滞不前要好。

以"到202×年第一季度末，我们需要至少拿下9个新客户"为例，通过将目标分解成更小的行动项，目标才更容易实现：我们需要每天给10个新客户打电话，以便能够获得9个新客户。

- 对"公平"应持谨慎态度。达成"公平"协议并不是目标，因为"公平分蛋糕"这样的理想状态在现实中并不存在。公平不是一个中立的衡量标准。对一方来说公平的事情,对另一方来说并非如此。

- 目标应是连接任务(T)和关系(R)的桥梁。交易的性质将决定目标。对于长期合作关系而言,重点是在 T 要素和 R 要素之间达成平衡。对于一次性交易,目标可能只注重任务的完成。

- 目标应积极向上、面向未来,并以行动为导向。在制定目标时要积极主动,否则,你就会很被动,会被谈判对手的目标牵着走。

- 使用这个公式很有用,不会出错:在 X 之前要实现 Y。例如,"在下一季度结束前销售额要增长 10%",或者"1 月 31 日之前,我们要与 ABC 公司签订协议/建立合作伙伴关系"。

- 一个定义得当的目标应明确三个 W——Who(谁)、What(做什么)和 When(何时完成),即谁负责实现什么目标,预期在何时实现。

··

目标如何影响具体目标的设定

确定目标后,我们可以设定一些具体目标,从而以可操作的、具体的方式评估预期成果。虽然有些资料并未严格区分"目标"(goal)和"具体目标"(target)，常交替使用这两个术语，但"具体目标"通常会用具体数字表示，例如减少或增加百分之多少。

管理理论提倡使用 SMARTER 框架来设定具体目标和目标。SMARTER 是由 7 个目标原则的英文首字母组成，代表着具体的（Specific）、可衡量的（Measurable）、可实现的（Attainable）、相关的（Relevant）、有时限的（Time-bound）、合乎伦理的（Ethical）和有回报的（Rewarding）。目标应该是"具体的"，这样谈判者才能清楚地知道他们的目标是什么，这就像在 GPS 导航系统中输入目的地一样，一个具体的地址不仅仅包括国家，还具体到城市、街道和门牌号码。"可衡量的"目标设定了评估成就的标准。例如，判断某个项目是否顺利完成，可以用达成交易或客户账户数量的百分比变化来衡量。"可实现的"目标是指虽然挑战了极限，但在特定情况下，与特定的业务伙伴一起，利用现有资源，在特定经济、道德和法律环境中仍然能够实现的目标。可实现的目标以过去的绩效为依据，预测在当前谈判条件下的未来结果。"相关的"与两个方面有关，即目标与价值观的契合度，以及该目标对于实现谈判任务的重要性。"有时限的"则要求我们为目标设定截止日期，在规定的时间内达成目标。高风险的谈判需要我们投入大量时间，而时间是最宝贵的资源之一。要想知道哪些事情值得投入时间，投入多少时间，最佳的方法就是对时间进行有效管理，并根据投入产出比衡量所花费的时间是否值得。"合乎伦理的"，指公司治理规范要求我们在谈判过程中要有道德操守，以合乎伦理的方式工作。不仅要礼貌地对待谈判伙伴，也要尊重自己。我们对待他人的方式，最终也会决定我们成为什么样的人。不言而喻，在如何对待他人这个问题上，我们应该以高标准来要求自己，遵循伦理标准。至于"有回报的"，则指谈判目标既要有利于谈判双方的业务，也要让他们在个人层面上有所收获。双方都应该意识到这份协议是对他们共同努力的褒奖，在谈判结束时产生更高的自我价值感。一个有回报的目标是对谈判者敏感自我的最大鼓舞。

把具体目标写下来，以便在整个谈判过程中参考。书面文字强烈影响着我们所感知的现实。一旦某些事被写成文字，它就会变得合法化，因此，也就具有不可谈判性。就赋予具体目标以价值而言，可以将谈判想象成一个画框。画框的边界由你需要实现的最高目标（你的期望值）和最低目标（你的绝对"底线"）限定。

设定一个免谈价格也很重要，但是这一点往往会被忽略。如果没有预先设定免谈价格，你最终必然会为了让谈判继续下去而逼迫自己不断降低价格底线。到了最后，你可能会发现最终达成的协议与最初的目标相去甚远，没有什么意义。经常有人询问，免谈价格是否等同于"最低目标"。这两个概念不能混淆。免谈价格应比最低目标少1美分。学会设定免谈价格，并在触及这一底线时，勇于退出谈判。退出谈判是一种极有力量的行为，能为自己赋能。你可以先在低风险的谈判中尝试这一策略。对自己而言，这会让你意识到，你可以决定什么对你有用，并拒绝对你没用的东西；对外界，它向对方传递了一个强烈的信号——他们会认为你还有其他选择，因为你有底气可以随时结束谈判。那些在对方眼中有替代选择的谈判者已经是半个赢家了。设定高目标，通常体现为在谈判一开始就提出一个"有侵略性"的报价，这能改善最终的谈判结果。

设定具体目标时需要考虑的四个因素

1. **目标数量：** 尽管承诺多个目标很常见，但管理学文献表明，一次性尝试超过六个目标时，成功的可能性反而不大。同时追求多个目标也会削弱个体对单个目标的重视程度。

2. **目标持续时间**：持续时间和时间跨度会影响目标的执行。许多研究表明，设定相对较短的目标时限更为合适，因为如果目标的持续时间超过六个月，参与者对目标的执行度和热情可能会降低。

3. **团队规模**：参与者的积极性和执行度还取决于设定目标的团队规模。在规模较小的团队中，成员之间关联更为密切、责任更加明晰，往往具有更高的个体参与度。

4. **目标的来源**：目标来源的可信度、合法性和信任度是影响目标执行的关键因素。

SMARTER 谈判目标 / 具体目标模板

具体的

- 我想要实现什么？
- 我需要在什么时候完成交易？
- 为什么这个目标很重要？（将目标与谈判任务联系起来。）

可衡量的

- 我将如何衡量谈判进展？
- 成功的关键是什么？
- 我将使用什么标准，任务还是关系？

可实现的

- 如何使达成的目标显得更明了,从而为未来合作打下基础?通过签署协议、谅解备忘录的方式吗?
- 我们是否有足够的资源(时间、谈判实力、专业知识或其他的)来实现我们的目标?
- 假设目标/具体目标可以实现是否合理?

相关的

- 这次交易为什么重要?
- 它是否会提升合作伙伴关系/组织的地位?
- 它将为未来的谈判创造什么样的先例?

有时限的

- 谈判应该持续多长时间?
- 协议应该在何时达成?
- 我准备好现在开始谈判了吗?

合乎伦理的

- 能否通过礼貌合规的方式达成目标?
- 这次谈判是否会提高个人水准和公司管理水平?

有回报的

- 目标的实现是否与个人成功或团队目标有关?
- 如何完成谈判使命?

自我练习

用 SMARTER 模板为下一次谈判制定一个具体目标。说明具体目标将如何实现：

具体的——

可衡量的——

可实现的——

相关的——

有时限的——

合乎伦理的——

有回报的——

设定目标时常见的挑战

目标在设定之后，并不会一成不变。尽管目标用于指引你实现理想，但在谈判过程中，一些目标可能需要调整。为了克服与目标相关的挑战，检验当初设定目标时所依据的假设可能会有所帮助。依据最高目标和最低目标确定的谈判框架应留有余地，当具体问题出现时，可以随机应变。一些谈判者认为，设定目标可能弊大于利。为了降低这种风险，设定目标时需要注意避免以下四点。

1. **忽视全局**：目标往往会将我们的注意力引导到具体任务的实现上。这种密切关注会让我们忽视其他重要方面，比如长期目标，或者谈判的关系等。

2. **增加冒险行为**：具有挑战性的目标可能会刺激我们做出冒险行为，例如提出大量要求，而这可能会牺牲共同价值或破坏双方关系。

3. **不道德行为**：设定高目标时，人们往往会将注意力集中在结果上，而忽视实现目标的手段。一种极端的情况就是马基雅维利主义式的做法，其信条是"只要能达成目的，任何手段都是正当的"。这种做法的风险在于，可能会导致组织内部形成一种纵容非法和不道德行为的氛围，例如为了达成目标而欺骗、撒谎或向对方做出虚假承诺。此外，未能实现目标的谈判者可能运用手段操纵谈判结果，以此来掩盖自己的缺点。

4. **不从过去的错误中吸取教训，不进行合作**：狭隘地关注目标可能会分散谈判者的注意力，无法为未来吸取更多的经验教训。这可能会促使他们采取竞争性战略，而不是合作和互惠战略。这可能会导致错过为团队创造未来价值的机会。

专家观点

塔尼亚·米基
瑞士帝肯集团有限公司首席财务官

设定目标时遇到的主要挑战,从广义上讲,与"缺乏"有关:缺乏准备、缺乏理解、缺乏时间、缺乏耐心,以及信息不对称。记得有一次,我在一场高风险的谈判中协商结算条款,本来谈判进展得很顺利,但讨论一度因一些不太重要的事情受阻。我尝试了解并查明造成谈判受阻的原因。结果发现,对方尚未与他们自己的客户签署协议,因此也无法与我们签署合同。了解这一情况后,我们继续谈判,我也达成了自己想要的结果。

另一个挑战是跨文化因素。在不同文化背景下,谈判方式可能大相径庭。因此,你可能需要根据文化背景调整目标,你需要设身处地为对方着想,有时甚至还要重新评估从自己的目标出发可以做出哪些让步。

你还需要了解如何根据自己的文化设定清晰的界限,以确定哪些行为是可以接受的,例如,在与来自不同文化、道德和法律背景的合作伙伴打交道时,要知道如何避免贿赂问题。

> 现代社会面临的一个挑战是新冠疫情的影响。从传统的面对面谈判转向线上谈判,这导致谈判双方更难建立融洽的关系。因此,谈判过程更以目标为导向,而不太注重关系建设。最后,你不能太好说话,否则别人可能会突破你的目标底线。

阻碍我们达成目标的常见行为

目标往往基于过去的业绩来设定,因此,新的目标通常会比以前高。但是,这种设定方式可能不利于目标的实现,因为情况会发生变化,在新的条件下取得更好的成绩可能会更加困难。在成功完成一次艰难的谈判后,我们可能会过于自信,于是在下一次谈判中将目标定得过高。虽说冒险与成功有直接关系,然而,那些乘胜追击的人,可能会因为过度自信而采取过多的冒险行动,进而可能无法再次取得成功。此外,有些具体目标是基于错误的绩效衡量标准设定的,例如只关注达成目标的价格,却在过程中破坏了双方的关系。再者,仅将目标传达给对其负责的人,但这些人可能并没有真正地将这些目标视为己任,或并不认为它们与自己有紧密的联系。为了解决这些问题,谈判双方的个人(和团队)目标应紧密相关,形成一种相互依存的氛围，双方可以在其中共同努力。在这种情况下，目标的实现取决于双方的顺利合作——我需要你，你也需要我，这样才能双赢。

确定目标和具体目标经常被用作一种提高积极性的技巧。两者都有助于聚焦管理行动，鼓励人们成功完成谈判任务，并提高整体绩效。因此，在高风险谈判中设定正确的目标已成为许多团队面临的关键问题。

要点总结

1. 目标是一个宽泛的概念，指明了你希望达成的最终状态，而具体目标则有助于衡量你在多大程度上达成了最终状态。
2. 目标不明确时，不要贸然开始谈判。
3. 目标应兼顾任务导向和关系导向。
4. 为自己设定具有挑战性的目标，但如果你方实现了这些目标，也不要让对方感觉太难受。
5. 如果情况发生变化，导致无法实现总体目标，那么请准备好重新评估你的目标，并立即退出当前的谈判/项目。

延伸阅读

1 Cranfield School of Management (2012) *How to Set the Right Performance Targets: A Ten Step Target Setting Tool.* Cranfield School of Management.
2 Doran, G.T. (1981) There's a S.M.A.R.T. way to write management's goals and objectives. *Management Review,* 70 (11): 35–36.
3 Lai, L., Bowles, H.R. and Babcock, L. (2013) Social costs of setting high aspirations in competitive negotiation. *Negotiation and Conflict Management Research* 6 (1).
4 Narayanan, J., Joshi, A. and Lavanchy, M. (2018) *The Art and Science of Negotiation.* International Institute for Management Development.
5 Ordonez, L.D., Schweitzer, M.E., Galinsky, A.D., Bazerman, M.H., Locke, E.A. and Latham, G.P. (2013) Goals gone wild: the systematic side effects of over-prescribing goal setting. *New Developments in Goal Setting and Task Performance.* Routledge.

第四章

确 定 目 的

明确目的。任何事情，若无益于实现这一目的，都无关紧要，不必在意这些事情。

——里谢尔·E.古德里奇（Richelle E. Goodrich）

> **本章概要**
> - 定义谈判目的并指明其重要性
> - 确定谈判目的的方法
> - 如何克服确定谈判目的时遇到的主要挑战

如何区分谈判使命和谈判目的

商业专业人士在谈判过程中面临的一个挑战是，如何正确识别高效谈判的目的。目的常常被误认为是使命或目标。即使是在培训期间进行的模拟谈判中，谈判小组也需要花费大量时间才能确定模拟案例的谈判目的。许多人未能区分这些不同的概念。以下是一份涉及买卖合同的谈判摘要，对上述这种概念混淆进行了解释说明：

"我们的使命：

根据尽职调查的结果，协助客户起草公司买卖协议并进行谈判。"

现在，难题来了：这是谈判使命宣言，还是谈判目标，还是谈判目的？提示：不要被句子前面的标题迷惑。

宣布使命的目的在于向内外部明确说明发展方向。价值观描述的是有助于实现目标的行为和行动。谈判使命宣言应回答以下问题：**我们将如何取胜**？我们需要采取哪些战略举措，依据什么价值观取胜？鉴于此，我们现在可以确定，以上示例不可能是使命宣言，因为它没有指明**如何**通过特定的战略行动，或根据特定的价值观来达成目标。因此，这就剩下两种可能性：这句话要么是目标，要么是目的。

目标是我们希望谈判能达成的最终结果。谈判过程有三个驱动力：受个人动机和多种情绪支配的个体、需要完成的任务（达成交易）以及双方之间的关系（合作伙伴关系)。如果目标定义得当，讨论就能有的放矢，将所有这三个驱动力囊括在内。我们由此可以看出，上面那句话并非在陈述目标，在这种情况下，目标将是达成最终的买卖协议。如此一来，剩下的（且有效的）唯一选项就只有目的了。

谈判的目的是什么

谈判的目的是回答："**谈判是为了什么？**"它可以帮助谈判者明确定义最终目标的真正意图。"你的目标是什么？"和"你的目的是什么？"这两个问题反映了不同的动机。目的可以筛选目标，它将迫使你停下来，思考谈判是否值得付出努力。如果目标背后没有目的来支撑，它就会像海妖塞壬的歌声一样，听起来很诱人，实际上具有误导性。

目的由一组参数组成。基于这些参数，我们可以达成令人满意的协议。这些参数定义了最终协议的可接受范围。数学参数是方程中的常数。在谈判中，我们可以设置一系列参数，决定达成最终协议时必须满足的条件，从而帮助我们判断谈判是否取得了成功。以上述的买卖协议为例，我们可以假设如下参数。

买方参数：

- 快速转移所有权
- 确保低价购买
- 限制风险
- 获得资产保护
- 获得有关资产的完整信息
- 所购买的资产具有足够好的质量

卖方参数：

- 获得最优销售价格
- 界定责任范围或控制风险
- 合同范围外免责
- 交易速度

在谈判过程中，双方都会根据各自的参数形成参数组合，基于此达成双方都能接受的最终结果。

目标和目的之间有何关联

一场高风险的谈判好比国际象棋比赛，如果你想赢，就需要提前规划几步；而为了走好第一步，你需要明确自己的目标和目的。只有那些知道自己为何而战的人，才能将棋子置于有利位置。现在，我们把求职谈判分解成目标和带参数的目的，看看如何在实践中应用这一策略。为了便于说明，假设你的谈判目标是获得一份工作。在申请和面试过程中，你所做的一切努力都是为了获得这份工作。然而，许多求职者在明确了谈判目标后，就停止了进一步的准备工作，他们没有问自己"为什么要得到这份工作"，而这个问题能揭示出谈判目的及其参数。假设你的谈判目的是晋升，通过明确这一答案，我们就可以区分哪些参数有利于你达到目的，哪些参数会成为你的阻碍，如图4-1所示。

将目标、目的和不同参数可视化，可以更容易地评估哪些与求职相关的参数（或参数组合）最符合目的要求，并使追求目标的努力变得值得。在高风险的谈判中，建议将目标分解成一系列子目标，并以书面形式记录下来。通过这种系统化的方法，你可以明确自己的谈判目的。

此外，在进入谈判之前，谈判者应该有一系列灵活的目的，而不是仅仅盯着一个不可变通的目的，同时还应明确其协议范围，这些对于任何谈判者来说都是十分重要的战略技能。确定目的并设定参数，这样谈判才能始终围绕预期目标进行。谈判的性质是定义谈判目的和设定目标的参考点。无论是对接一次性交易，还是建立长期合作伙伴

目标：求职	
目的：为什么要得到这份工作？	职业晋升
参数1	薪金	不，这不会对职业发展有直接的贡献
参数2	较高职位	是的，这将作为未来升职的跳板=职业晋升
参数3	更多责任	是的，这将帮助你获得更多的技能和专业知识
参数4	其他福利，如公司配车、额外津贴、更好的办公室等	不，这不会直接促进职业发展
参数5	更优越的地理位置	是的，作为印象管理的一种形式，这可以在未来申请更高职位时作为一个参考依据
参数6	建立人脉的机会	是的，你建立的人际关系网络将带来新的商机
参数7	进修培训的机会	是的，这会让你提高技能，获得更多的专业知识
参数8	健康保险	是的，好的健康计划是对身心健康的一种投资，是促进职业发展的关键条件
参数9	出差	是的，乘坐商务舱可以接触到商务人士，与他们建立联系，共同成长
参数10	弹性工作机会	是的，你可能需要时间学习新技能，这将为你未来的选择带来红利

图 4-1　目标和目的映射示例

关系，都要考虑到自己和对方的目的。双赢只是一个神话，总有一方需要做出让步。参数法可用于消除那些不利于你达成目的的参数，并将这些参数作为让步的筹码（给予对方）。

> **专家观点**
>
> 乔纳森·福斯特
> 美国惠普公司高级副总裁兼全球财务总监
>
> 　　首先，了解谈判的确切含义非常重要。谈判是两个或多个利益相关方就某一特定事项进行讨论，以达成一致意见的过程。其次，了解谈判的性质，即谈判是一次性的，还是为未来的谈判和/或建立某种伙伴关系奠定基础，也很重要。无论是哪种情况，作为当事方之一，你都应该花时间确定其他各方的目的以及他们对谈判性质的看法。这不仅能帮助你更有效地进行谈判，还能让你与其他各方保持更好的关系；对于任何非一次性的、可能会产生长远影响的事务来说，维持良好的关系极为重要。
>
> 　　你还应该清楚自己的目的是什么。在大多数谈判场景中，你的目的不止一个，或者至少有一个主要目的

和一个次要目的。理想情况下,你能够在谈判中得到一个完美的结果,实现你的所有目的,但你不应指望每次谈判都能如此。在大多数情况下,你需要做出一些让步,以满足对方的需求。这就是为什么明确自己的目的以及其他利益相关方的目的非常重要,这样你才能在必要时提出折中方案。一旦做到这一点,你就能更好地了解谈判形势,继而开始制定谈判策略,努力实现对你更重要的目的,同时对其他目的做出让步,尽可能以对你更为有利且可接受的方式促成整体协议的达成。

如果你希望建立长期合作关系,则应该避免追求一方占优的胜利。如果其他参与方感到被轻视,最终会影响彼此之间的关系。因此,在涉及多方谈判的情境中,所有参与方都应该努力达到公平且合理的结果,而这意味着各方都需要在一定程度上做出让步。这也就解释了为什么深入而详细地了解各参与方的目的是如此重要。

确定谈判目的的方法

在谈判中,"目的"这一概念是双向的。谈判双方都有各自的目标。因此，准备确定谈判目的时，应遵循"T型账户"规则。在会计领域，T型账户是复式簿记的非正式名称，之所以用字母"T"来表示，是因为记账条目（贷方和借方）的布局类似于"T"。将谈判目的可视化，其背后逻辑与此类似，T型等式的一边是你自己的目的，另一边是你预测的谈判对手的目的。在一场高风险的谈判中，谈判双方往往会有"片面关注"的风险，即只关注自己的目标，而忽视对方的需求。每一方都有自己的目标、目的和一系列参数。这些自然常带有个人色彩，因此具有主观性。因此，从对方的角度来评估局势可能会很困难。商业专家通常将这种从对方角度看待局势的做法称为"换位思考"，但很多时候，这仅仅是一句空话，难以真正落实。

帮助你确定谈判目的的五个关键问题

1. 你想要达到什么目的？ 确定一个明确的目的，并概述你期望在谈判中达成的最有利结果，以及为实现这一目的你愿意接受的最低条件。

2. 为什么这对你很重要？ 了解你参与谈判的目的，以及行为动机。当谈判难以为继时，如果你能清楚地认识这场谈判对你的重要性，你就能在谈判中坚持下去。

3. 你的谈判目的与谈判类型是否匹配? 考虑交易的性质（战略性的还是非战略性的）。相比于非战略性的（短期或低风险）交易，进行战略性的（长期或高风险）交易时，即使条件不那么有利，你也需要接受并坚持下去。

4. 你愿意牺牲哪些参数? 说明哪些因素对你至关重要，以及你为了达到目的愿意放弃哪些东西。

5. 你要达到的目的将给对方带来何种影响? 不要只关注短期结果，要预见你所确定的目的带来的长期后果。例如，在一场谈判中你赢了，但对方感觉被占了便宜，这可能会导致对方不愿意执行交易，这样一来，你也无法实现自己的目的。

重要提示：上述五个问题也可以用于预测对方的谈判目的。

确定谈判目的时遇到的主要挑战

谈判者的行动围绕着一个目标展开，而目的则赋予了这个目标意义。由于谈判基于两个要素，一是各方之间的合作，二是谈判者之间的关系，因此每位谈判者都可能会阻碍对方达到目的。毕竟，谈判不是做慈善，双方的行为都将主要以自身利益为导向。

在实际的谈判过程中存在一个困境：由于谈判本身具有投机性，谈判的目的并不总是按照逻辑来确定的。这可能导致谈判者为了努力实现自己的理想结果而采用错误的策略来推进谈判，却忽略了双方的共同目的。让我们来看一个例子：巴勒斯坦和以色列之间的谈判。一些观点指出，那些所谓的"和平谈判"对以色列而言，只是想要达到的一个目的——借机推进自己的政治议程，而谈判只是做做样子罢了，并非真心为了和平。

于是这引出了一个问题，即通常情况下，在谈判过程中，各方所展示的目的是否真实？有时，谈判者甚至没有意识到自己的目的是什么。我想起一个有趣的案例。一位候选人正在欧盟委员会谋求一份工作。他的目标是在一个欧盟机构争取到工作机会。整个流程很烦琐，竞争激烈，且耗时很长。先是预选阶段，大约会有1000份针对同一个职位的申请要统一接受初步审查。经过筛选，约700份申请因不符合职位描述要求而遭到淘汰。接着，进入测试阶段，剩余的候选人应邀参加语言和数字技能测试、抽象推理测试和情境判断测试。这轮测试进一步将候选人数量缩减至大约100人。最后是面试阶段。这100名候选人被邀请参加小组面试。小组讨论通过线上方式进行，遴选委员会成员位于比利时布鲁塞尔，而候选人则受邀前往全球各地的欧盟测试中心。在线上讨论期间，候选人需回答许多技术问题，展示有关欧盟的实践知识，还得参与案例研究，进行其他类型的模拟工作。可想而知，候选人的压力非常大。除了这些标准的遴选工具外，遴选委员会成员采用了一系列难以应对的谈判和心理战术，以测试候选人的心理耐力、应变能力和对压力的反应。经过重重筛选和考验，最终只剩下 6 名合格候选人。

我前面提到的这位候选人最终成功入选。他把整个选拔流程比作"欧盟越障赛"，并乐在其中。各个阶段的测试对他来说是一种乐趣，也极大地满足了他的自尊心。他给自己设定的挑战让他在整个过程中坚持了八个月。最终，他实现了自己的目标，并在欧盟得到了一份工作。但随后发生了一件有趣的事情：当被录用时，他再也没有了应聘时的那股冲劲。三天后，他最终决定拒绝这份工作。

以上就是谈判者设定了目标，但未能明确自己的目的时，可能发生的情况。在欧盟工作，作为一个远大的最终目标，可能看起来很诱人，但是"为什么要这样做？"这一问题问得太迟了。如果候选人在一开始就思考了目标背后的原因，他可能会意识到，一旦这个远大的目标变成现实，它很快就会失去吸引力。

如何克服确定谈判目的时遇到的主要挑战

为了克服确定谈判目的时遇到的主要挑战，我们可以采用彼得·F. 德鲁克于 1954 年创造的一种广受欢迎的管理工具，即 MBO[⊖]。MBO 是一种将盈利、成长和发展等团队目标与管理人员的个人需求相结合的管理方法。通过这一过程，团队的目的就能转化为个人的目的。

MBO 是一种常用于绩效评估的现代方法，用于评估员工是否达到了为自己设定的目的。因此，它引入了未来的视角。许多管理者声称，MBO 是最成功的绩效评估方法。根据 MBO 理论，设定目的是规划过程的一部分，在设定目的之前，你需要先明确问题并设定一个具体的目标。管理者负责给出具体指示，设定质量标准，并确定达成这些目的的时间期限。系统目的应当具有兼容性、清晰性和可接受性，这些特性可以提高成功实现目标的可能性。

设定目的是为了明确以下几点：

- 需要做什么。
- 什么时候可以认定某个任务已经圆满完成。
- 是否可行。

[⊖] MBO，即 management by objectives，意为借助目的进行管理，一般译为"目标管理"。

- 为什么需要这样做（以及为谁做）。
- 进展如何。

MBO 模型旨在通过制定管理层和员工一致认可的目的来提升组织绩效。其目的是让员工参与目标设定和计划执行的过程，并发表意见。当员工认可目标时，他们会更加努力实现这些目标。在高风险的谈判中，我们也可以采用 MBO，使每位谈判者的个人目标与共同的谈判目标（即将他们聚集在一起的目标）保持一致。

要点总结

1. 谈判目的确定了谈判目标的意图。
2. 询问"这么做是为了什么？"，以此检验你的动机。
3. 为你的目的设定一组参数。
4. 区分有利于你达成目的的参数，消除那些会阻碍你的参数。
5. 在你的目的和对方的目的之间搭建桥梁，以共同致力于实现最终目标。

延伸阅读

1. Alavoine, C. (2012) You can't always get what you want: Strategic issues in negotiation. *Social and Behavioral Sciences* 58, 665–672.
2. Armstrong, M. (2009) *Armstrong's Handbook of Human Resource Management Practice*, 11th edn. Kogan Page.
3. Chamberlin, J. (2011) Who put the 'ART' in SMART Goals. *Management Services* 55 (3), 22–27.
4. Di Nitto, E., Di Penta, M., Gambi, A., Ripa, G., Villani, M.L., Krämer, B., Lin K.-J. and Narasimhan, P. (Eds) (2007) *Negotiation of Service Level Agreements: An Architecture and a Search-Based Approach*. ICSOC 2007, LNCS 4749, pp. 295–306. Berlin Heidelberg: Springer-Verlag.
5. Drucker, P.F (1954) *The Practice of Management. A Study of the Most Important Function in America Society.* Harper & Brothers.
6. Islami, X., Mulolli, E. and Mustafa, N. (2018) Using management by objectives as a performance appraisal tool for employee satisfaction. *Future Business Journal* 4 (2018), 94–108.
7. Koskinen, K.U. and Mäkinen, S. (2009) Role of boundary objects in negotiations of project contracts. *International Journal of Project Management* 27 (2009), 31–38.

第五章

收集必要信息

人们的观点往往是在信息不充分的情况下形成的。

——伊德·里沙(Idries Shah)

☐ **本章概要**
- 为什么必须掌握相关信息以及需要注意哪些事项
- 询问-倾听-验证(A-L-V)信息收集法
- 信息收集清单

收集信息的目的

情报收集旨在尽量减少你与谈判对手之间的信息差。你对另一方了解得越多,就越能做好准备,站在一个有利的位置主导讨论。只有当你掌握了足够的信息，充分了解谈判对手及其背景时，你才能参与谈判。这两个因素将共同塑造对方的谈判目标。因此，数据的收集和处理应该在两个层面上开展：一是以背景为导向，二是以个人为中心。

以背景为导向的方法旨在收集与对方的团队背景相关的所有信息，这些信息可能会影响他们在谈判中的行为。个人始终受其背景的影响。因此，越是了解对方的职业背景，你就越能够更好地应对对方。

收集背景信息

在信息过载的时代，拥有一个信息筛选框架会很有帮助。背景检查工具能帮助你进行结构化搜索，以下是具体步骤：

1. 访问公司网站，查找其使命宣言。

2. 确定该使命宣言传达了哪些价值观。这能让你一窥公司的组织文化，而这种文化通常会影响在公司工作的每个人，包括你的谈判对手。

3. 查看是否能找到一份谈判使命宣言——虽然正如我们所见，这并不常见，但在互联网上寻找有关该公司谈判策略的文章是值得的。被指定为谈判代表的人是该公司的代理人，在某种程度上，他们将受到使命宣言的约束。

4. 在互联网搜索。寻找关于公司及其员工的最新新闻（在此你可能会发现其他谈判者的信息）、他人观点、新闻通稿和历史背景等。除了公司想要展示的官方信息外，您还将获得更多客观见解。

5. 寻找关于公司和客户的反馈意见，这些信息都可以通过互联网搜索到。一般情况下，你可以输入公司名称和"评论或客户评论/意见"进行搜索。虽然这些信息并不一定可靠，但你可以从中了解是否有人提出了一些常见的问题。

6. 如果该公司是上市公司，你就可以通过查阅财务记录来评估其财务状况。这将有助于你了解该公司的实力。

7. 核实公司的员工数量、全球业务覆盖情况以及总部所在地。只有一个办公室和少量员工的家族企业，其商业风格会与跨国公司有所不同。

8. 进行市场分析，确定公司的直接竞争对手。你可以把它们视为你的谈判备选方案。

9. 从公司内部找联系人，或找前员工，了解一下公司的情况。他们可能掌握你的谈判对手及其背景的更多详细信息。

注意：绝对不要仅依赖外部信息。看看是否能找到一些可信赖的内部线人，他们可以为你提供更多信息，并帮你确认你所做假设的准确性。你得确保自己所掌握的信息渠道可靠，毕竟在高风险谈判中，通过散布虚假新闻迷惑对方的情况并不罕见。

> **专家观点**
>
> 米歇尔·奥利尔
> 瑞士 Medicxi 公司的联合创始人兼合伙人
>
> 我们公司致力于为生命科学领域的初创公司创造金融机会并进行相应的投资，主要在以下三种情况下进行高风险谈判：一是与初创公司进行投资谈判；二是与外部公司进行谈判，这些公司有可能对我们的初创公司进行投资或与之达成交易；三是当我们想要聘用关键高管和新人才时。首先，我们需要确保我们有正确的计划。我们会研究谁是公司的最佳合作伙伴，谁可能对公司的某个技术感兴趣。一旦确定了这一点，我们就需要掌握以下信息：
> ● 现在是风险投资家投资的正确时机吗？

- 他们最近是否做了一些有竞争力的事情?
- 他们更倾向于在哪个发展阶段进行投资?
- 我们是否在他们的关注范围内?
- 他们到底在寻找什么?

在准备高风险谈判时,你需要考虑的一个关键点是谁是合适的谈判对象,以及如何接近他们。最终决策者才是你应该与之交谈的人。

当向他人提出要求时,你自然而然就落入了下风。因此,参与讨论时,我们要尽量避免提出任何要求,也不要把自己的要求摆在明面上。相反,我们要努力设计一种环境,让对方觉得需要从我们这里获得某些东西,或者看到与我们合作的好处。可能奏效的方法是讨论一些相关的事情,将对方置于一个合适的位置,并以一种吸引他们的方式进行推介。如果对方不感兴趣,就不要贸然行事。在进入谈判之前,你需要精心营造一个合适的环境。

收集有关谈判者的信息(个人资料)

整体了解背景信息后,接下来就该对即将与你互动的谈判人员的形象进行总体分析了。你可以从简单的互联网搜索开始，访问谈判对手的网站，然后查看他们的职业档案，并尽可能了解他们的社交网络。关注他们发布的内容、他们感兴趣的话题、他们关注的对象、他们的活动地点以及打发时间的方式，以及他们的社交圈，这些都可以揭示他们的个人偏好。

人物特征分析是对心理特征进行分析，旨在预测一个人在特定情境下的行为和能力。人物特征分析最早源于法医心理学，但这种方法现在也被用于商业互动和企业环境中。这种分析的主要目的是根据谈判者的心理特征、个人偏好及背景来预测他们在特定情境下的行为。

哈佛谈判项目进行的一些研究定义了四种基本的人格类型，这些人格类型可能会影响谈判者的谈判风格。

1. 个人主义者主要关注最大化自身利益，几乎不关心对方的结果。他们通常倾向于强硬地坚持自己的立场，有时甚至会采取威胁手段。

以下这些特征有助于你判断自己是否正在与一位个人主义者打交道：

- 自信
- 分析能力强
- 善于推动变革

- 讲究方法
- 独立

2. 合作者将重点放在最大化自己和对方的利益上。与个人主义者相比,他们更愿意采用创造共同价值的策略,乐于交换信息,并倾向于全面、综合地解决各方问题。

以下这些特征将有助于你了解自己是否在与一位合作者打交道:

- 以合作为导向
- 富有同理心
- 耐心
- 友好
- 在团队工作中乐于提供支持

3. 竞争者,也称为冒险家,他们致力于最大化自己和对方成果之间的差距。他们往往会阻碍合作性的解决方案,而倾向于采取利己的行为。

以下这些特征有助于你判断是否在与一位竞争者打交道:

- 自信且坚定
- 善于分析

- 拥有领导力
- 以目标为导向
- 意志坚定

4. 利他主义者在谈判中比较少见，因为他们更关注最大化对方的成果，而不是自己的成果。

以下这些特征有助于你判断是否在与一位利他主义者打交道：

- 可能过分信任他人
- 善于社交
- 组织能力强
- 谨慎且追求精确
- 追求和谐

在收集个人信息时，必须特别注意以下因素。

文化 文化可能会深刻影响我们和谈判对手的价值观和行为规范。文化会通过社会经济、民族特色和宗教等形式表现出来。了解不同的文化概念有助于避免误解。

智力（智商和情商） 以智商分数衡量的智力能够较好地预测个人的成功。教育成就可以反映一个人的智力和学习潜力。虽然在谈判中愿意成长和学习很重要，然而，除了这一方面，我们还需考虑人际交往能力。如今，情商和社会同理心（即理解自身情感及其对他人的影响）与高智商一样重要（甚至更重要）。

个性　迈尔斯-布里格斯类型指标（MBTI）是一种流行的、易于使用的人格类型评估工具。根据这个分类系统，人格类型评估包含四组主要指标，每组指标显示了一个特定人格特征的两个极端：

- 外向—内向
- 实感—直觉
- 思考—情感
- 判断—感知

动机　谈判的动机可能取决于谈判者的内在心理因素。谈判者的动机在以下几个方面可能存在差异，而这些差异与谈判者类型无关。

- 根据马斯洛的动机理论，我们在任何时刻都会受到多种需求的影响（生理需求、安全需求、归属需求、尊重需求、自我实现需求）。通过关注对手那些尚未得到满足的需求并提出满足方案，你可以刺激他们按你的希望做出反应。
- 人们的驱动力主要来自三种不同类型的需求：权力需求（影响他人和事件的欲望）、从属需求

（建立、维护和恢复与他人的亲密关系的欲望）、成就需求（以竞争和追求卓越为目标的行为）。

- 对谈判的积极信念可以激发动机。此外，动机还取决于自我赋能和自信程度。
- 涉及个人利益的情况可以激发更好的表现，例如，如果谈判对你个人有利，你将更有动力去争取更好的谈判结果。
- 还可以将任务的直接结果（一级结果，例如达成交易）与二级结果（即一级结果产生的次级效应，例如达成交易后产生的胜利感和自豪感）联系起来，以增强动机。

人格评估和心理特征测试有很多种，当前展示的只是这个广泛研究领域的一部分，旨在凸显影响人物分析的不同角度。值得注意的是，现有的所有类型划分都是为了尽可能减少判断的主观性。然而，在与专业人士合作时，我观察到他们面临的主要挑战是没法控制先入为主的冲动。当被要求对他们将要打交道的谈判对手进行特征分析时，他们的分析往往会迅速转变成个人的主观评判，使用贬义形容词、刻板印象或标签化词语的情况并不罕见。因此，在得出结论时，我们应该仅依据观察到的实际行为，否则得出的结论可能是个人偏见，不够客观。

信息收集清单

- 使用背景检查工具对谈判对手的外部和内部背景进行分析。
- 将你收集到的数据与不同信息来源的数据（例如来自互联网的数据、客户评论和内部信息等）进行对比，验证数据的准确性。
- 确定谈判对手的人格类型：
  - 个人主义者
  - 合作者
  - 竞争者
  - 利他主义者

你可以通过以下方式收集这些信息：与谈判对手进行初步交谈，在互联网上对他们的信息进行搜索（你会在他们的社交网络上找到大量信息，包括他们发布的内容、参加的职业圈子、关注的人），以及与可能认识他们或以前与他们进行过谈判的人交谈。

- 进行 MBTI 测试，了解自己的人格类型。知道自己属于哪种类型可能有助于你找到自己和谈判对手之间的异同。
- 确定谈判双方的性格匹配点，如果存在明显的性格不匹配问题，那就考虑指派其他谈判者。例如，内向的人与外向的人谈判可能有困难，而合作型的谈判者会与竞争型的谈判者产生冲突。

在亲自会面之前（无论是面对面还是线上），你都是根据自己收集到的信息来假设对方的情况，并基于这些假设来制定你的谈判策略。此时，"询问-倾听-验证"（A-L-V）这一方法将帮助你核实你收集到的信息的准确性。当你与对方进行直接互动时，就可以使用这种方法。

A-L-V 信息收集法

询问

仅仅通过询问就能揭示很多信息，但许多谈判者苦于如何以合作的方式表达自己的问题。由于谈判通常被视为围绕固定利益展开的争夺战，所以人们会对提问持怀疑态度。主要难点在于，既要分享足够多的信息以发现有价值的交易点，又不能透露可能对自己不利的信息。

建议提出**开放式问题**。这类问题往往被认为更具包容性，更能鼓励人们给出更详细的回答，而不是简短的"是"

或"否"。开放式问题通常以"谁""谁的""什么""何时""哪一个"以及"如何"等开头。

在收集信息时，注意不要让对方感觉像是接受审问或指控。始终保持开放的心态（并倾听对方的发言）。最好假设你知道的永远不够多，永远可以从对方身上学到新东西，这会激励你更加专注地倾听。

通过追问来推动对话，确保信息传递畅通。例如，可以使用"我明白了""之后发生了什么？"或"能详细讲讲吗？"等，施加微小的社交压力，让对方给出更详细的回答。将安静倾听作为一种探询手段也很有效，这可以给对方时间调整回答问题的节奏。不要操之过急，等待对方回答完当前问题之后再提出下一个问题。

有些谈判专家建议将问题简化为两个："是什么？"和"怎么做？"。"是什么？"这一问题可以帮你找出障碍所在（是什么导致了谈判对手的抵触情绪），"怎么做？"的问题则可以指出克服障碍、达成协议的方法。

总结对话内容，并就你还没有弄清的问题请求进一步的解释，可以进一步鼓励对方分享更多信息。重要的是，要以中立的方式提出问题，不要对事物的对错带有任何先入为主的判断或偏好。这样可以减少对方的抵触情绪，增加对方接受进一步询问的可能性。

倾听

为了克服阻力，你应该表现出你收集信息的意图是实现双赢，而不是为了个人利益。重点应放在倾听上，而不是讲述上。在一场高风险的谈判中，每位谈判者都会觉得有必要捍卫自己的利益，这可能导致单方面的关注和单边的解决方案。为了打破这个困境，要避免一味地陈述支持自己逻辑的论点，要倾听对方的意见，让他们感到被接纳和理解。

验证

询问与倾听后，进入验证环节。在收集信息和解释调查结果时，考虑人际差异非常重要。我们的行为模式不同，因此更难理解对方的选择。请务必仔细验证所做的假设的准确性。与你的谈判伙伴核对，确认你的理解是否正确。在战略层面上，这可以让你发现在最初一轮询问中可能遗漏的信息。从关系的角度来看，这将向对方表明他们对你来说很重要，从而降低对方的抵触情绪。

图 5-1 展示了一个在谈判前和谈判中收集信息并使之系统化的路线图。

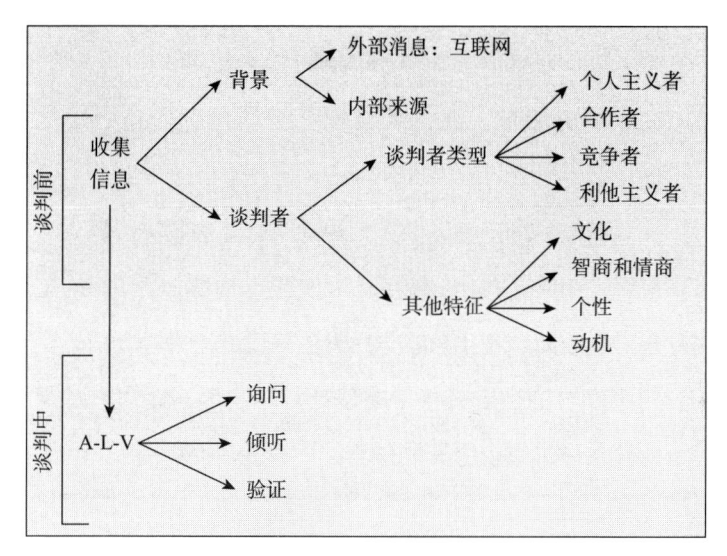

```
谈判前 ──┬── 收集信息 ──┬── 背景 ──┬── 外部消息：互联网
         │              │         └── 内部来源
         │              └── 谈判者 ──┬── 谈判者类型 ──┬── 个人主义者
         │                          │               ├── 合作者
         │                          │               ├── 竞争者
         │                          │               └── 利他主义者
         │                          └── 其他特征 ──┬── 文化
         │                                        ├── 智商和情商
         │                                        ├── 个性
         │                                        └── 动机
谈判中 ──── A-L-V ──┬── 询问
                   ├── 倾听
                   └── 验证
```

图 5-1　信息收集路线图

基于道德规范的信息收集法

　　谈判不仅是一个过程，更重要的，它是人与人之间的互动。每个人都有自己的特点、关注点和兴趣。每位谈判者都有权利受到尊重，隐私不被侵犯。信息收集应该是为了了解如何最好地与对方沟通，而不是羞辱或以其他方式伤害他们。透明和诚实应该是你的指导原则。请记住，你是为了建立伙伴关系而获取信息的。信任至关重要，因此要坦诚地说明你需要这些信息的理由。这关系到你作为谈判者的信誉。

> **要点总结**
>
> 1. 在谈判开始前,请确保自己已经掌握了所有必要的信息。
> 2. 从以背景为导向和以个人为导向两个层面收集数据。
> 3. 应用"询问-倾听-验证"的方法来收集信息。
> 4. 在信息收集过程中核实你所做的假设的准确性。
> 5. 找出对方的重要需求,并设计一种环境,让对方觉得需要从你这里获得某些东西。

吉利安·库(Gillian Ku)撰写的文章《谈判技巧:是时候放弃赢家通吃的方法了》揭示了性别如何影响谈判伦理。

谈判技巧:是时候放弃赢家通吃的方法了

吉利安·库

《金融时报》,2017年3月28日

谈判给人的刻板印象往往是推崇以男性为主导的、激进的赢家通吃心态,即使在这种心态下人们可能会采取不道德的行动。这些刻板印象并无建设性,然而在当今这个充满不确定性的世界中,我们是否还有可能采用更为道德的谈判方式呢?

我与杰西卡·肯尼迪教授(欧文管理学院)和劳拉·J.克雷教授(哈斯商学院)合作进行的研究最近表明,女性在谈判时比男性更讲道德。根据我们的研究结果,女性拥有更强道德认同感的概率比男性高出66%。换句话说,女性更有可能将自己视为具备公平、诚实、慷慨和善良等道德特质的人。相应地,当女性被赋予谈判责任时,她们会更加遵循道德规范。例如,我们研究了人们销售二手车的场景——这是一种高风险谈判,存在很大的操作空间。我们发现,因为女性拥有更强的道德认同感,她们不太可能在认知上为自己的不道德行为找理由,也不太可能像男性那样采取投机取巧的行为。

这有助于我们理解工作场所中与谈判相关的性别问题,比如为什么女性的薪资比男性低,以及为什么女性领导者较少。遗憾的是,公司往往无法做到男女平等,若公司老板认为成功的谈判只能通过对抗性的方式实现,他们可能会问:"我为什么要雇用女性谈判者?"我们希望,我们的研究结果能改变人们对良好谈判的看法,从而摆脱那种激进的心态。此外,这项研究还有更广泛的意义。从长远来看，可能会有一些谈判（希望会有很多），在这些谈判中，遵循道德规范将对男性和女性都有更大的好处。

并不是所有的谈判都是一锤子买卖，谈完握手走人。许多谈判，例如与客户和供应商的谈判，仅仅是长期关系的开始。人们希望与自己打交道的谈判者是正直和值得信赖的。长期来看，我们这样做的目的是让人们意识到，那些关于谈判的刻板印象是存在的，它们具有非常强烈的男性化特征，而且具有破坏性。虽然在一堂课上教会未来的商界领袖如何遵守道德规范是不现实的，但商学院确实有责任向学生传授道德规范；还需要向学生表明，采取激进的谈判方式并不一定会带来好的结果，特别是在需要发展长期关系的情况下，这种方式可能是有害的。

资料来源：Ku, Gillian. Negotiation skills: time to ditch the winner-takes-all approach. *Financial Times,* March 28, 2017.

© The Financial Times Limited 2017. All Rights Reserved.

延伸阅读

1 Cambria, J. (2019) *Parliamone. L'ascolto, l'empatia, le parole giuste per negoziare con successo in qualunque situazion*. ROI Edizioni srl.
2 Elfenbein, H.A., Curhan, J.R., Baccaro, L., Eisenkraft, N. and Shirako, A. (2010) Bargaining behaviors. *Journal of Research in Personality*, May 2010.
3 PON Staff (2020) Identify Your Negotiation Style: Advanced Negotiation Strategies and Concepts. Understand your negotiation style to become a better negotiator. Negotiation Skills, from: 'Is Your Bargaining Style Holding You Back?' First published in the Negotiation Briefings Newsletter, December 2009.
4 Scoular, A. (2011) *The Financial Times Guide to Business Coaching*, 2nd edn. Financial Times/Prentice Hall. (See Chapter 7: Deepening Coaching Skills: Working with Individual Differences.)
5 Taylor, J., Furnham, A. and Breeze, J. (2014) *Revealed: Using Remote Personality Profiling to Influence, Negotiate and Motivate*. Palgrave Macmillan.
6 Winerman, L. (2004) Criminal profiling: the reality behind the myth. *Monitor Staff* 35 (7).

第六章

决定谈判的最佳方法

成功是20%的技能和80%的策略。你可能知道如何成功，但更重要的是，你有什么样的成功计划？

——吉姆·罗恩（Jim Rohn）

> **本章概要**
> - 六种谈判策略及策略确定指南
> - 选择正确策略时要考虑的主要因素
> - 平衡任务和关系的重要性

分配式谈判和整合式谈判——
是分蛋糕还是做大蛋糕

谈判有两种主要方法：分配式谈判和整合式谈判。这两种方法衍生出六种谈判策略，即竞争、合作、妥协、回避、迁就和组合策略。本章稍后将对它们进行更详细的讨论。

分配式谈判，又称竞争性谈判、输赢式谈判、零和博弈或价值索取谈判，其将谈判的标的物视为固定不变的资源。根据这种逻辑，一方赢得越多，另一方得到得就越少。因此，具有分配式思维的谈判者会努力使自己的利益最大化，并主导另一方。有些谈判者可能会使用武力、权力或操纵手段来达到他们唯一关注的目标。

整合式谈判，也称为合作式谈判、价值创造谈判或双赢谈判，假设资源的数量是可变的，这些资源可以被分配和共享，以便双方都能获胜，并最大化共同成果。这种策略依赖于双方愿意共享信息、彼此合作，并解决双方面临的共同问题。其主要目标是创造价值，而不是单方面分配资源。图 6-1 展示了这两种方法，并介绍了本章将进一步讨论的六种谈判策略。

谈判是双方之间的交流，旨在就有限资源的分配达成一项满足双方需求的协议（或在对资源有效性的看法上达成一致）。这种观点更多关注双方谈判者想要完成的具体任务。假设谈判不仅是一种交易，而是人与人之间的互动，那么这种观点就缺失了关系商数。分配式谈判和整合式谈判主要关注非人为因素，即任务本身，而忽略了关系元素。

整合式谈判更具多维性，因为它不仅试图扩展资源本身，还试图提升资源的价值。于是事情开始变得有趣了，因为价值取决于观察者如何看待它。

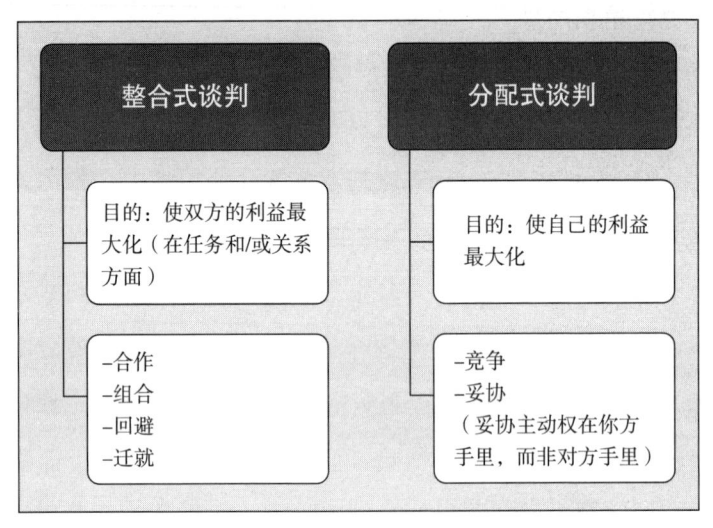

```
┌─────────────────────────┐  ┌─────────────────────────┐
│      整合式谈判          │  │      分配式谈判          │
├─────────────────────────┤  ├─────────────────────────┤
│ 目的：使双方的利益最      │  │ 目的：使自己的利益       │
│ 大化（在任务和/或关系    │  │ 最大化                  │
│ 方面）                   │  │                        │
│                         │  │                        │
│ -合作                    │  │ -竞争                   │
│ -组合                    │  │ -妥协                   │
│ -回避                    │  │ （妥协主动权在你方       │
│ -迁就                    │  │ 手里，而非对方手里）     │
└─────────────────────────┘  └─────────────────────────┘
```

图 6-1　整合式谈判 / 分配式谈判的六种谈判策略

对一个人有价值的东西，可能对另一个人毫无意义。这种不同的感知为交流创造了机会。最佳的做法是，用自己的价值较低的东西去换取价值更高但对对方来说没那么重要的东西。这种交换超越了任务本身，它还依赖于理解目的背后的人，挖掘他们的需求和欲望。这时，关系层面就变得尤为重要。为了让双方能够坦诚地分享彼此的动机，他们需要从纯粹的任务导向中跳出来，拓宽视野。这种投资绝对值得付出努力，因为最终结果可能是让资源分配产生的收益实现最大化。

因此，**达成可持续和可执行的协议有一个条件，即在任务和关系之间取得平衡**，而这需要通过选择适当的策略来实现。在实践中，这意味着双方都觉得实现了各自的目标，并且他们之间的关系得到了维持（理想情况下是得到加强，绝不是被破坏）。在任务层面上，建议在"切分"（分配）之前先"制作一个更大的蛋糕"。通过扩大资源和加强关系，双方都可以"得到并享用蛋糕"。图 6-2 展示了任务与关系之间的平衡。

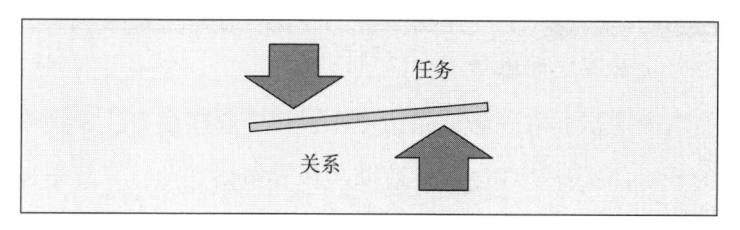

图 6-2　任务与关系的平衡

一个高效的谈判者必须善于平衡任务和关系，还要擅长运用前述两种谈判方法。这意味着你需要准备好面对一个核心策略选择：何时专注于做大"蛋糕"，何时专注于"分蛋糕"。在继续讨论六种可能的谈判策略之前，我们先来谈谈以下三点见解。

大局为重 外交官通常是非常高效的谈判者。他们成功的一个关键因素是能够扩大视野，着眼于大局，能够提取重要信息，而其他谈判者可能无法识别这些信息，反而陷入无关紧要的细节和泛滥的数据中。这种既能够从大处着眼又能保持专注的能力在谈判中被称为"有限意识"。

事先思考 熟练的谈判者会提前几步思考。通过拓宽视野、从长远角度思考，你才能掌握这种技巧。谈判中的每一个决定就像扔进湖里的一颗石子，它会激起涟漪。想象一下你的行动将会在水下产生怎样的影响。例如，如果你同意提供折扣，那么你就会让别人觉得今后也能享受同样的折扣。

从宏观层面思考 在高风险谈判中，一个重要的问题是从宏观层面来理解公司的使命，而不仅仅是专注于具体谈判时的选择。在决定采取哪种谈判策略之前，了解宏观的战略和谈判的方向是很重要的。

人们对谈判常见的看法是，只有合作策略才能最大化共同成果。为了挑战这种观点，并更好地理解谈判者的策略选择与最终结果之间的关系，研究者在招募到的136名学生中进行了实验（见 Olekalns 和 Smith，2002 年）。在这项实验中，被测试者参加了一场包含五个议题的模拟谈判。研究者要求 27 对被测试者采用个人主义策略进行谈判，34

对被测试者采用合作策略进行谈判。研究表明，谈判者在合作导向和个人主义导向下都能使共同收益最大化，但他们实现这一目标的方式各不相同。结论显示，在个人主义（竞争、分配）导向下提出多议题要约和使用间接信息，在合作（整合）导向下应用互惠原则和使用直接信息，才能达成最佳结果。这项实验表明，根据不同的背景和情况，分配式谈判和整合式谈判都能取得成功，这两种方法是选择正确谈判策略的出发点。

五种经典的谈判策略和一种新的谈判策略

1. **竞争**——也称为分配式策略或输赢式策略。这种策略主要关注满足自己的需求并分割利益。顾名思义，这种策略下会有赢家和输家之分。

何时竞争：面对一次性交易时，对建立长期合作关系的兴趣不大或不太可能建立这种合作关系时，或者当合作伙伴拒绝合作时。

2. **合作**——整合式策略或双赢策略。这种策略可以为双方找到最佳解决方案，并通过创造性的方法扩大"利益蛋糕"。传统上对"双赢"这一概念的理解并不完全准确。为了实现真正的双赢，双方都需要有双赢的心态。如果一方谈判者将谈判视为输赢关系，那么双赢将不可能实现。因此，将这种策略称为"三赢"更为贴切，它涵盖了谈判者个人的心态，以及双方的双赢结果，如图6-3所示。

何时合作：在渴望与对方建立长期关系的交易中。

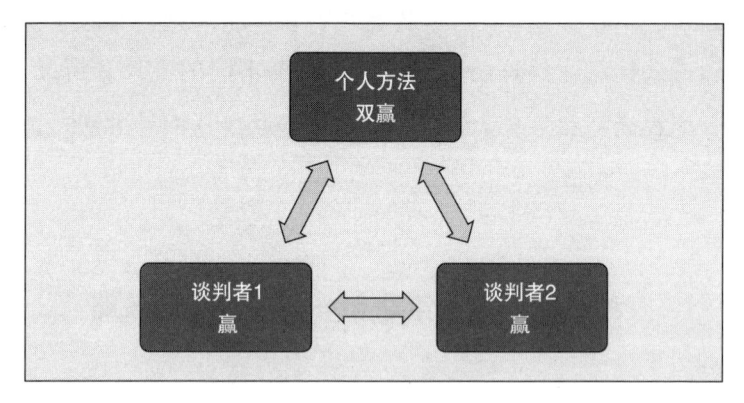

图6-3 三赢的方法

3. **妥协**——双方均有得失，同时达成输-赢和赢-输的局面。实际上，有时妥协策略会被误认为是合作策略。两者的区别在于，双赢（合作）是通过让步（给出一些东西以换取另一些东西）来实现的，而妥协是通过快速、非创造性地划分资源达成结果，例如采取折中或五五分成的方式。

何时妥协：当需要迅速解决问题且没有时间创造双赢选项时。

4. 回避——双方处于僵持状态，在此期间不采取任何行动。双方没有价值交换，也没有做出任何让步。

何时回避：当情绪高涨，需要先冷静一下再继续谈判时。

5. 迁就——当一方让步并试图满足另一方的需求时采用的策略。

何时迁就：当关系比任务本身更重要时。

6. 组合——上述五种策略的组合。

使用组合策略时，对在实践中将上述五种策略融入谈判过程，推荐步骤如下：先采用竞争策略，以强势的立场进入谈判，坚持自己的需求，并设定高目标。然后采用回避策略——退一步，不再坚持自己的立场，也不要给对方施加压力，给予对方时间和空间来消化信息。与此同时，你可以采用迁就策略，做出一些小的让步。给予对方一些对你来说价值较低的东西，这将表明你也尊重他们的需求。注意观察他们的反应，如果存在互惠关系，你可以做出小的妥协。然后将谈判动态引向合作策略。

组合法类似于蒙蒂·罗伯茨（Monty Roberts）引入的"联结"技术，该技术因他的著作《马语者》（*The Man Who Listens to Horses*）而得到了广泛关注。罗伯茨被誉为"马语者",他彻底改革了驯服野马的方法。经过多年对野马进行观察,他发现了它们的肢体语言、彼此交流的方式、行为模式、等级制度以及群体成员之间建立关系的方式等。根据这些观察,罗伯茨成功引入了一种新的方法来驯服这些野马,同时又不磨灭它们的野性。罗伯茨证明,依赖权力、强迫和施加痛苦并不是促进人与动物合作的最佳手段。他的驯马方法非常受欢迎,吸引了来自世界各地的众多追随者,包括伊丽莎白女王,她的马就是由罗伯茨训练的。

在"联结"操作中,驯马员最初通过在圆形围栏内追赶马匹(没有直接的身体接触或使用武力)来控制马匹。这一过程会一直持续到马开始显示出接受驯马师的迹象,例如低头、换脚和变换身体姿态。出现这些信号时,驯马员会调整自己的控制行为,给马留出一定的时间和空间。很快,马就开始自愿地跟随驯马员在围栏内移动。

罗伯茨观察到,合作的关键在于**解读肢体语言,发现准备合作的意愿,并在整个过程中尊重马的自主权**。

相同的原则也可以应用于谈判。好的谈判者能在谈判中"听到"对方"自我"发出的声音,而卓越的谈判者能"听到"对方"自我"的低语。采取合适的策略,你就可以捕捉到对方在谈判过程中表现出的"自我",并以一种巧妙的方式与对方沟通。

谈判是一个不断变化的过程。因此，对方的策略有时可能会发生变化。在这种情况下，你可能需要在谈判过程中相应地调整策略。下面是一个关于如何将谈判从竞争转向合作的示例。

实践示例

这是一组针对咨询委托提案请求的回复邮件。你会注意到，邮件中的措辞反映了谈判策略。言辞塑造感知，因此，展开沟通的方式将会影响消息接收者及其相应的谈判方式。第一封邮件是以竞争性的措辞撰写的，但第二封邮件则表明了合作的意愿。

我已经与我方采购主管简要地讨论了你方的报价，并注意到你方在咨询服务的日常费用基础上额外提供了10%的折扣。为了接受你方的提案，我们需要你方再额外提供18%的折扣。除此之外，我们还需要你方提供10小时的免费咨询服务。我相信你方明白这个项目对双方未来合作的重要性。

发掘合作潜力（具体内容已加下划线并加以解释）：

我已与我方采购主管讨论了你方的报价，并注意到你方在咨询服务的日常费用基础上额外提供了 10% 的折扣，对此我们表示感谢。请问这是你方最后的报价吗？鉴于订单量大，你方能否再额外提供 18% 的折扣？此外，你方是否能够提供 10 小时的免费咨询服务？考虑到这个项目对双方的未来合作很重要，如果你方能够提供这样的服务，我方将不胜感激。

体现合作意愿的指标

- 删除"简要地"一词，因为它可能让对方认为这份提案不值得进行更详细或更长时间的讨论（隐含意义：不重要、无关紧要、次要）。
- "表示感谢"——对对方举动的认可和感激或赞赏。
- "请问这是你方最后的报价吗？……你方能否……"不是要求，而是以礼貌的方式询问，为讨论引入另一种选项。
- "鉴于订单量大"——为你的要求提供支持。注意：冗长的解释可能会削弱你的请求，还会让对方怀疑你是否配得上你所提出的条件。因此，陈述应简洁明了。
- "你方是否能够"——给予对方选择的空间和自主权。

- "我相信你方明白" vs "不胜感激"——前者显得居高临下,后者则很礼貌。
- "对双方的未来合作"——其中的关键词是"双方的",这创造了一个双方都是平等参与者的互惠体系。
- 第二封电子邮件巧妙地将任务和关系联系起来。谈判者清晰而优雅地表达了他们的需求,而且不会损害双方的关系。

再举几个转变策略的例子

妥协—合作

一个广为流传的谈判故事就是最好的例子。故事中,两姐妹因为一颗橙子而争执不休,最终,她们决定对半分,但当她们切开橙子才发现她们一个想要果汁,一个只对橙子皮感兴趣(想用橙子皮为烘烤的蛋糕增添风味)。这个故事的寓意在于,我们应关注立场("**你想要什么?**")或者动机("**你为什么要它?**")。为了优雅地从妥协转向合作,了解你和谈判对手想要某物的根本原因会很有帮助;也许最终你们双方的需求都能得到满足,还可以获得额外的好处。

回避—合作

回避策略的力量源于与得到相比人们更反感损失的心理。通过不采取行动，你表明自己并非一定要达成协议，也不会给对方施加压力，这反而会激起对方的兴趣。回避行为隐含的警告是，你可能会把精力投到别处。然而，最终的目标应该还是要从回避转向可能的合作。

何时使用何种策略——任务和关系的平衡

在选择谈判策略时，关键的问题是以结果为导向的：你想达到什么目标？为了回答这个问题并选择相应的策略，你需要考虑三个因素：谈判的性质（短期 vs 长期）、利害关系（任务方面）和对关系的影响。考虑第一个因素时应遵循简单的规则：对于有可能发展长期合作关系的谈判，建议优先采用合作策略，而不是单纯的竞争策略。至于其他两个因素，图 6-4 显示了任务和关系之间的平衡关系，并用加号（+）和减号（-）表示。在表 6-1 中，详细说明了这些符号及其对谈判中两个要素的影响。

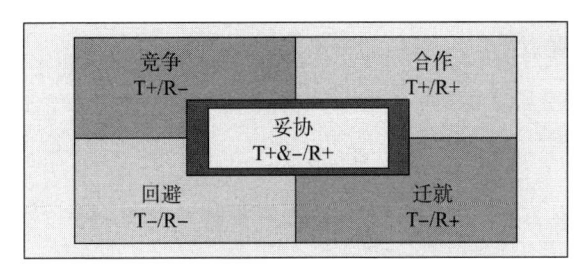

```
┌─────────────────────────────────────┐
│   竞争          │    合作           │
│   T+/R-         │    T+/R+          │
│       ┌─────────────────┐           │
│       │   妥协          │           │
│       │   T+&-/R+       │           │
│       └─────────────────┘           │
│   回避          │    迁就           │
│   T-/R-         │    T-/R+          │
└─────────────────────────────────────┘
```

图 6-4　选择策略时，任务和关系的平衡

资料来源：改编自卡西娅·雅戈丁斯卡的《谈判促进法：高效谈判的终极自我赋能指南》。

表 6-1　相关说明

策略类型	对任务的影响	对关系的影响
竞争——一方赢，另一方输	赢家会尽力争取到对自己最有利的结果	这可能会破坏双方之间的关系。失败方感到丢面子，在未来可能会报复。在某些情况下，这可能会危及谈判条款的落实
合作——共赢	双方谈判者都达成了各自的目标	双方关系得到加强，谈判条款也更有可能得到履行，双方还有可能在未来继续合作。双方没有怨恨
妥协——双方各有得失	双方谈判者都有得有失	达成部分任务目标。双方均有所妥协，因此不会有人觉得自己被彻底打败。需要注意的是：妥协并不总是完全符合你的期望，而是一个双方都能接受的折中方案
回避——暂时的停滞	没有积极推进任务，不会对任务产生负面或积极影响	对双方关系没有负面或积极影响。此时处于冷静期，可能是对双方关系的一种考验
迁就——一种"赢-输-赢"的局面	迁就方在任务完成方面会受到不利影响，在这种情境下，双方在任务方面是"一方赢，一方输"的局面	对双方关系产生积极影响，因此从关系的角度来看，采取迁就策略的一方实际上是赢家。通常，如果谈判者选择迁就对方，这意味着对他们来说，关系比任务更重要

专家观点

斯蒂芬·哈特曼博士
瑞士罗兰贝格合伙人

在高风险谈判中，我选择策略时主要考虑的是结果。我会问自己：我想从谈判中得到什么？要回答这个问题，我需要对其他几个方面进行分析。我需要先清楚地了解我的谈判力。此外，我总是会评估我的最佳替代方案。谈判策略的选择还将取决于谈判的复杂程度。对于多维度交易、并购和重组等方面的复杂谈判，我所采用的策略与简单谈判中的有所不同。了解各方立场也是很重要的。根据这些评估，我会选择相应的谈判策略。采取强硬态度有时可能会带来最佳结果，但也可能产生回旋镖效应。因此，我会始终留意对方的"保留点"，即对方在谈判中愿意接受的最低条件。

综上所述，我所考虑的三个因素是：

1. 我的谈判力。
2. 我的最佳替代方案。
3. 清楚了解各方的立场，包括我的立场和他们的立场。

清楚了解这些因素是谈判成功的关键。然后，基于这种了解，你会进入一个程序化的策略制定过程，有望达成最佳协议。

要点总结

1. 选择谈判策略时需要在任务与关系之间找到平衡点。
2. 根据你想要的结果来制定策略。
3. 想要建立长期合作伙伴关系，就应采用合作策略。
4. 走组合路径：竞争—回避—迁就—妥协—合作。
5. 无须牺牲关系来达成目标。

蒂姆·哈福德（Tim Harford）撰写了一篇文章《妥协在愤怒时代的消亡》，他对谈判策略的见解很有趣。

妥协在愤怒时代的消亡

蒂姆·哈福德
英国《金融时报》，2019年5月31日

　　我很少同意埃丝特·麦克维伊（Esther McVey）的观点，但本周我不禁开始思考，她作为英国保守党领袖候选人是否无意间说出了真相："有人说我们需要一项脱欧政策来团结民众，然而他们对形势做出了错误判断,这种想法显然不切实际。"英国人似乎确实不愿意妥协。欧洲议会选举的结果显示,那些坚决反对在脱欧问题上妥协的政党得到了民众的大力支持。而保守党和工党都陷入了尴尬的两难境地,在欧洲议会选举中遭遇了惨败。工党提出了口号"让我们团结起来"。哈!选民们更喜欢自由民主党("脱欧见鬼去吧")和脱欧党("他们[留欧派]绝对害怕我们")。有时候,极端立场反而是正确的,例如所罗门王提议把婴儿切成两半时,这个极端方案并非为了使争议双方妥协。然而,具备妥协能力是一件好事。人们的立场可能各不相同,但无论是生活在同一屋檐下,还是住在地球的两端,只要大家能够和睦相处,便能从中受益。如果英国民众的这种对妥协的厌恶情绪确实构成了一个问题,那么这个问题也并非英国独有的,可能在其他国家或地区也存在类似的情况。似乎世界各地的立场都在变得更加坚定,这种情况犹如动脉硬化,可能导致某些西方国家"患上心脏病"。不过,采取极端立场也许是由个人性格所致。唐纳德·特朗普的名字出现在一本名为《交易的艺术》的书上,但出人意料地,他似乎没有兴趣与任何人谈判以达成持久的协议。又或许,这是信息生态使然，因为愤慨情绪更能吸引眼球。还有可能是问题本身就很棘手。有些问题难以通过妥协来解决，比如英国脱欧问题。在留欧派和强硬脱欧派之间寻找平衡点，与其说是简单地切蛋糕，不如说是把蛋糕的原料撒得到处都是。结果是，我碰上了鸡蛋，你的身上沾满了面粉，大家都没有得到满意的解决方案。再比如说堕胎问题，有人主张原则上女性应该拥有绝对的身体自主权，也有人主张胎儿理应拥有绝对的生存权。但是，像不可阻挡的炮弹和不可移动的木桩一样，这两种权利无法同时绝对化。

相比之下，其他复杂而易引起情绪化反应的问题，或许仍留有妥协的余地。在气候变化问题上，我们可以耸耸肩表示无能为力，什么也不做；或者我们可以彻底改变经济体系，但这两者之间其实有很多中间地带。在贸易谈判中，几乎总是可以找到一种对双方都有利的结果。罗杰·费希尔和威廉·尤里的经典谈判手册《谈判力》建议：关注问题本身而不是个人性格，探索潜在的利益而不是明确的立场，考虑可能使双方互惠互利的选项。如果我们发现你把蛋糕上的糖霜刮掉扔进垃圾桶，而我愿意用勺子刮糖霜吃，我们可能会找到分配蛋糕的更好方法。有时候，令人惊讶的是，一场基于原则的谈判可以让双方都得到自己想要的东西。很显然，我们英国人未能采纳这一建议。在英国的政治辩论中，人们往往过于关注参与者的个人特征，从特蕾莎·梅到奈杰尔·法拉奇，再到杰里米·科尔宾，再到泛指的那些"留欧后悔者"皆是如此。双方都知道对方想要什么，但对对方为什么想要不甚关心。如果不真诚地探索对立阵营的根本目标和价值观，我们就不可能给出让每个人都能接受的结果。美国的辩论也似乎与费希尔和尤里的建议背道而驰。太多政治活跃人士都试图羞辱对立派系。将妥协视为怯懦的绥靖政策并予以排斥，这种做法似乎在奠定美国政治基调的初选中尤为奏效。然而，即使在看似没有希望的情况下，妥协通常也是有可能的。例如，在堕胎问题上，妥协的焦点不在于绝对权利，而在于实际情况。许多人都支持制定政策来减少非意愿妊娠，并使堕胎变得安全、受管控，否则堕胎将是危险的和非法的。许多国家设法找到中间地带。人们可以将政治视为一种竞争性运动，也可以看作寻求解决方案的活动。这两种观点都有道理。然而，民主选举更像是一场竞赛，而不是基于原则的谈判。难道我们不希望看到对方被彻底击败吗？我们不是唾弃他们的恶毒行径、嘲笑他们的失误吗？谁愿意打成零比零的平局呢？我不想把妥协奉为政治中至高无上之善。亲爱的读者，有时候，你和我确实完全正确，而另一方（即"他们"，与你我持不同立场的人）完全错误（也可能反过来，我们完全错误，而他们完全正确）。无论是哪种情况，在解决争论时，我们必须权衡争论的价值和尊重的价值。赢得胜利的感觉固然很好，但现实并不像童话故事那样，失败者不会跺跺脚发发脾气，然后就此消失。他们（或者我们）都将继续存在。

资料来源：Harford, T. Compromise dies in the age of outrage. *Financial Times*, May 31, 2019.

© The Financial Times Limited 2019. All Rights Reserved.

延伸阅读

1 Bazerman, M.H. (2014) *The Power of Noticing: What the Best Leaders See*. Simon & Schuster.

2 Jagodzinska, K. (2020) *Negotiation Booster: The Ultimate Self-Empowerment Guide to High-Impact Negotiations*. New York: Business Expert Press.

3 Johnston, K. (2007) The art of haggling. *Business Research for Business Leaders* 7.05.2007.

4　Olekalns, M. and Smith, P.L. (2002) Testing the relationships among negotiators' motivational orientations, strategy choices, and outcomes. *Journal of Experimental Social Psychology*, 1 March 2002.

5　Roberts, M. (1996) *The Man Who Listens to Horses*. Arrow Books.

6　Shonk, K. (2016) Managing Cultural Differences: Negotiation Strategy and Diplomacy, Negotiation Strategy and Diplomacy in International Negotiations Dealing with Difficult People. Harvard Law School, Daily Blog, 31.10.2016.

7　Trask, A. and Deguire, A. (2013) *Betting the Company*. Oxford University Press.

第七章

线 上 谈 判

并非只有行动才能创造新的起点。有时,只需要稍稍转换视角、敞开心扉、有意地暂停和重置,或者换一条路线,你就会逐渐看到新的选择和新的可能性。

——克里斯汀·阿姆斯特朗(Kristin Armstrong)

本章概要
- 面对面谈判与线上谈判的主要区别
- 线上谈判的实用技巧
- 如何选择合适的谈判媒介

"新"常态还是视角的转变

新冠疫情的暴发给全球带来了巨大冲击。这场全球性危机引发了全球震荡,影响了健康领域、社会生态系统和经济环境。封锁措施的实施迫使商业活动一夜之间转为线上运营。

除了新冠疫情，人们对气候危机的担忧也日益加剧，这可能导致人们减少国际旅行。因此，专业人员必须在没有适应期或任何专门培训的情况下，迅速学会如何在新环境下开展工作。谈判也已经转为线上进行。谈判工作常被贴上"压力大、紧张、困难"的标签，现在再加上其他情绪的影响，情况变得更加复杂。

虽然变化是常态，但由新形势引发的不确定性，加之规则和法规频繁变动所造成的混乱，使得这一时期的人们感到敏感、压力重重。我亲身体会到这种感觉，并从我的企业客户、培训学员和学生的行为中感受到了这种情绪。有那么一刻，我甚至发现自己也陷入了情绪旋涡。这对我来说并不是一个理想的状态，因为作为一名培训师和导师，我必须成为听众心中的坚强支柱。毕竟，成功的谈判始于自我管理。

我记得某个时刻让我有所领悟。在疫情期间，我唯一能够控制的似乎就是写书的进度。我安排了一系列采访，采访对象都是谈判专家，他们同意与我和我的读者分享他们的见解。加里·诺斯纳就是其中之一。他曾担任美国联邦调查局危机谈判组的组长。在我们的线上会议中，他的一番话让我从新的角度看待问题。诺斯纳表示，在他20多年的职业生涯中，他进行的大多数高风险谈判实际上并非面对面的。在与绑匪、劫持者的多次沟通中，他唯一的联系工具就是电话线。诺斯纳有一句话彻底改变了我的认知："这使我更专注于听。"我不禁开始思考，所有的压力到底从何而来。毕竟，线上谈判只不过是通过互联网转换了视角而已。这种想法赋予我能量，让我重新获得内在的专注力和对外部谈判环境的掌控感。

面对面谈判与线上谈判的主要区别

利用电子工具谈判的最大优势是快捷、直奔主题。线上谈判可以缩短谈判会议之间的间隔时间，使谈判进程迅速向前推进。由于匿名性的影响，线上环境使各方更容易将谈判问题与个人特点区分开来。此外，当没有非语言线索时，做出让步和解决问题成为焦点，因为不需要再为解读肢体语言而分心。为了最大限度地利用线上空间带来的机遇和好处，必须注意可能阻碍线上交易的几个因素。

更难建立信任

除了实际距离的远近，面对面谈判与线上谈判之间的主要区别还存在于非物质层面，其中关键的区别就是建立联系的过程，以及它最重要的影响——建立信任。在线上谈判中，由于存在感和非语言交流受到限制，信任就会受到挑战。无法"察言观色"会导致猜疑、认知错误和沟通失误。

在线上谈判中，双方因无法直接接触，会产生规避风险的心理。例如，在线上谈判中，被屏幕外的另一个人秘密录音或窃听的风险很高，相比之下，在面对面谈判中要做到这一点则极为困难。我曾目睹一位谈判者因看到陌生参会者的胳膊而中断了线上讨论。因此，我不建议未经事先公示的人员参加线上谈判，但如果出于某种原因需要这样做，请确保他们保持低调。

非正式时间较少

线上谈判的特点是更加线性、以任务为导向。因此，谈判更倾向于完成任务，而非维持关系。各方在会议前很少互动，休息期间的网络交流也有限。线上谈判会使各方对彼此的热情减少。以上因素会对线上会议双方建立关系产生不利影响。为了降低部分风险，制定一个周密的谈判策略是有益的，其中包括在谈判中增加更柔性的"人文"元素，例如，留出时间和空间来建立信任。此外，可以在日程中预留时间用于闲聊，我们也欢迎任何可以代替"饮水机旁闲聊"的活动。在进行规划和协调时，除了技术细节和策略，还需要考虑到更广泛的因素。现在，同理心和情商比以往任何时候都更加重要。在危机时刻，建立联系的能力有时会决定谈判的成败。

在面对面的商务谈判中，小型庆祝活动，例如为达成协议而举行的午宴、晚宴或酒会，是不可或缺的环节。而在线上谈判中，为了确保签订协议后谈判双方同样有胜利的愉悦感，并维持彼此间的联系，你需要考虑一些线上的替代方案和仪式，例如你可以了解对方喜欢吃什么或喝什么，给他们送上一份小礼物表示感谢，然后通过屏幕进行一次电子庆祝，共同享受这个特殊的时刻。

数字疲劳

线上谈判会耗费大量的注意力，也许最令人疲惫的方面就是数字疲劳。这种疲劳不仅仅与长时间盯着电脑屏幕有关，真正的问题在于，当你的摄像头开启时，你的影像每时每刻都会出现在你的视线中，这引发了对自我的过度关注。大脑下意识地不断审视自己的形象，而这一过程会消耗大量能量。对某些人来说，自拍似乎很有趣，但当自拍模式成为工作日不可或缺的一部分时，你对这件事的看法就会发生改变。就好像我们在谈判时始终举着一面镜子。我在进行多方谈判时,为了避免这种情况,我的做法是选择一个面部表情愉悦的人,将注意力集中在他的脸上,而不是自己的脸上。

缺乏社交线索

在典型的线上谈判中,由于电脑摄像头的视角限制,我们通常只能看到参与者的面部/头部、肩部和手部的动作(前提是摄像头处于开启状态)。因此,可能会出现误解和曲解肢体语言的情况,于是我们不得不付出更多的努力来解读肢体语言,而这可能会让人精疲力竭,失去动力。事实上,线上谈判会使个人变得去个性化(这通常被视为一种缺点),从而消除了地位差异,这反过来又可能增强权力平等感。

研究表明,女性谈判者在线上环境中的合作意愿较低,而男性谈判者的策略则变化不大。究其原因,可能是当女性察觉到的情感线索较少时,她们的同理心会降低,合作或礼貌待人的压力也会减少。由于线上谈判缺乏社交线索,男女谈判者都更容易说谎、虚张声势或夸大其词,而这些行为会削弱信任感。

文化差异

文化障碍会加剧对对方目标、信息和利益的误解。然而，那些更重视个人目标而非集体目标的人更容易适应线上会议场景。在线上会议期间，拥有同质文化的团队因沟通问题而产生的困惑和冲突较少。要打破文化障碍，谈判者需要有更多的耐心，尊重对方，并具备更好的倾听技巧。

技术挑战

技术上的困难会影响你的工作，使你无法专注于谈判目标。要及时进行软件更新并确保网络连接正常。线上会议期间出现的回音、屏幕卡顿和掉线等问题都会给人一种不专业的印象。

线上谈判最常见的技术挑战包括：

- 网络连接和网速
- 技术可用性和技术熟练度
- 技术安全性
- 不同时区谈判人员的时间差
- 保密性和隐私性
- 会议时长

基于研究结果和自身实践，我还没有发现任何能证明面对面谈判的结果优于线上谈判的确凿证据。线上互动的挑战更多涉及谈判流程设计和管理方面,这需要你在战略和心理两个层面进行转变。线上工具会使你在网络谈判中更加游刃有余。

线上谈判实用技巧

表 7-1 能让你更轻松地准备和进行线上谈判。

表 7-1 线上谈判清单

线上工具	使用方法
• 议程安排	通过线上议程,你可以控制会议时间和流程,并监控进度。将议程通过共享屏幕展示出来。在议程设计方面,线上谈判适用的规则与面对面谈判相同
• 文档库	整理好所有必要的文件,并确保随时可用,最好放在一个文件夹中
• 场景设计	优化线上环境:画面布局、灯光和其他可见的东西。排除一切干扰,预防可能出现的被迫中断。确保背景是中性的,或与你想要达到的目的相符,例如,展示你希望对方记住的公司标志
• 位置安排	你坐的位置和看的东西会影响你的感受,也会影响对方的印象。建议坐在办公桌前或站在工作台旁。即使你很想坐在沙发上或躺在床上谈判,也不要这样做。有些人永远不会想到这样做,但有些人可能会。比如我最近就遇到过有人在参加一个重要的在线会议时,穿的衣服很像睡袍。休闲的环境和着装会让你的谈判显得不够正式 你所看的内容会影响你的表现。对于高影响力的互动,请将与谈话内容相关的图片放在你所处的直接环境中

（续）

线上工具	使用方法
• 虚拟临场感	由于电脑摄像头通常位于屏幕顶部，所以当你看着屏幕时，你的视线看起来是向下的，而不是在看屏幕另一端的人。线上眼神交流减少时，谈判者之间就会难以建立信任，难以形成融洽的关系。要解决这个问题，可将有自己图像的窗口移到摄像头旁边（即电脑屏幕的顶部）。这样一来，当你自然地看向屏幕上的自己时，看起来就像在看对方
• 形象管理	由于摄像头只能拍摄到面部、上半身和手，所以要确保自己仪表整洁，衣着得体（至少到腰部）。对于需要化妆的女性谈判者来说，妆容可能要浓一点，因为摄像头会"吃"妆，让您的脸看起来更"素"
• 摄像头设置	为了避免与会者时而出现、时而不出现的情况，建议邀请所有与会者打开摄像头。可以用非指令性的方式提出，例如说"我好像看不到你了"，或"我发现当我看不到你时，和你交流的效率会降低"，或"如果今天发型不好，没关系，我不介意"
• 屏幕共享	屏幕共享是一个很好的工具，可以让对方了解你想让他们看到的内容。他们看你分享的内容的时间越长，就越能记住这些内容。这在你提出要求时尤其有用，尽可能让对方的注意力长时间地停留在共享屏幕上 屏幕共享还能让人们把注意力从你的面部移开。如果你容易感到不自在、不自信或害怕摄像头，那么这会是一个让你感觉更自在的好工具 利用屏幕共享功能，草拟每次会议的联合摘要。通过主动创建和展示总结，你可以控制内容，并确认双方的理解是否一致。重要的是，你要让对方觉得他们是在一起总结会议的所有要点
• 角色属性	清晰备注个人信息。当你输入姓名时，不要使用首字母缩写或数字，因为这些会使人失去个性。请将每个人的组织单位与姓名一并输入
• 数字干扰	定时安排休息时间，保持注意力集中，避免"数字疲劳"，尽量减少数字噪声。此外，不要一心多用，将注意力集中在对方身上，做好笔记并保持当下的专注状态

(续)

线上工具	使用方法
• 虚拟形象沟通	控制你的面部表情和姿势（至少是上半身的姿势），使手势始终处在屏幕范围内，注意你的副语言交流方式（para-verbal communication）：语气、语音、语速和语调
• 复查	检查要发送的信息，确保语气合适；发送 PDF 文件时（Word 或 PowerPoint 文档，会显示你所做的修改），检查发送的附件。在共享屏幕时，要特别注意有没有与会议无关的可见内容
• 传统电话会议的妙处	如果你需要表达的内容可以通过电话完成，就不要安排单独的线上会议。若你邀请对方参加线上会议，那么你就得确保预先设定的会议时间得到充分利用（大多数视频会议平台规定的最短会议时长为 30 分钟）。这些时间本可以用来推进业务 为避免在谈判中陷入等待对方回复的状态，请在谈判开始时商定双方的答复时间。这样你就不必去揣测沉默意味着什么
• 谨慎行事	要非常注意自己在视频中所展示的形象，尤其是在非正式场合。注意你所说的话和分享的内容。你可能会在不知情的情况下被录下来，也可能有其他人在偷听

选择合适的谈判媒介

谈判媒介的选择取决于两个因素：谈判者的个人偏好和预期效果。你可以选择口头形式的（电话）、书面形式的（电子邮件、即时通信）、视觉形式的（视频会议和在线演示）和电子形式的。图 7-1 介绍了这些媒介的特点。

不喜欢冲突的谈判者倾向于选择非对抗性的沟通形式。书面形式的媒介让他们可以精心策划和控制回应的时间和内容，但缺点是，书面沟通很难与对方建立联系，也很难探究对方的潜在利益。它还可能向对方发出一个隐含的信号，即你对他们的书面回复别有用心，为将来可能的冲突和争论而记录对方的书面言论。因此，躲在电子邮件或即时通信背后可能会导致谈判双方陷入僵局。我经常看到，一通简单的电话就能打破长达一周的电子邮件交流僵局。口头交流有助于传递情感，并最大限度地避免因网上沟通造成误解。

- 口头形式的

如果你想：
—获得及时反馈
—弄清楚非语言线索
—表达情绪

- 书面形式的

如果你想：
—计划和控制
—留下永久记录
—避免直接对抗

如果你想：
—传达复杂性
—解释流程
—增强记忆效果

如果你想：
—快速交代
—覆盖范围大
—促进信息共享

- 视觉形式的

- 电子形式的

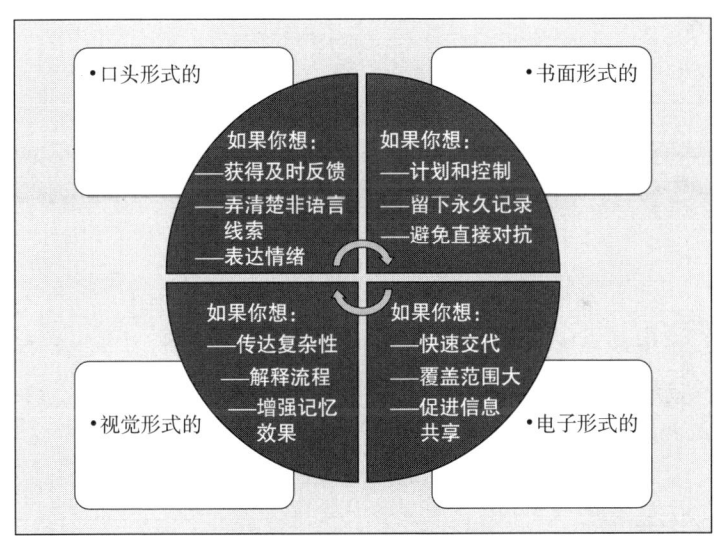

图 7-1　媒介选择：如何决定使用哪一种

视频会议是迄今为止互动性最强的会议模式，也是最接近面谈的会议模式。建议使用最接近面对面交流的软件，如 Zoom、Webex、Google Meet、Microsoft Teams 或

Skype，并打开摄像头。

媒介的选择取决于谈判者的认知偏好。分析能力较强的人可能更容易接受视觉信息，如图表、图形或流程图，它们可以用来展示过程和表现复杂的问题。无论谈判者的特征如何，视觉内容都比口头信息更容易被记住。文字很容易被遗忘，而图像则更难被忽视。我强烈建议你在以下情况下使用视觉素材：

- 当你与对方一起设计并商定程序时。
- 当你提出自己的要求时（应尽可能长时间停留在屏幕上，让对方看到你的要求）。
- 共同总结双方已达成一致的要点。

电子形式的媒介可以快速传递信息，覆盖更广泛的受众，但缺点是你失去了对受众的把控。请务必仔细规划你的内容和回复。

专家观点

法比耶娜·施鲁普–哈塞尔曼

瑞士卡地亚项目组织负责人

书面线上谈判商业合同的最大优势在于，谈判者有时间检查条款的准确性，与面对面的讨论相比，没有了现场临时起意的机会。而且在集中精力讨论具体细节之前，你可以按照自己的节奏查看完整提案。线上谈判的这种非同步性使谈判者能够捕捉到字里行间的内容，更好地了解对方的想法。

在口头线上谈判中，最大的优势是能够控制会议环境（尽管这也可能是一个挑战）。线上会议往往让参会者更能集中注意力，可以在一次会议上就更多的谈判要点达成一致。"举手"功能使交流更加流畅，谈判者之间的过渡更加顺畅，并减少中断情况。因此，每个人的意见都能得到倾听，而这在面对面谈判中有时难以做到，因为有些人会占据谈判的主导地位，使其他人难以充分表达自己的立场。

我发现在线上环境中特别有用的一点是，你可以看到参与者的名字。在线下会议室现场，你并不会总是看到名片，有时你甚至没法叫出所有参与者的名字。我建议在线上环境中将参与者的职位备注到名字旁边，这样体验会更好。

> **要点总结**
>
> 1. 线上谈判只不过是通过互联网转换了谈判视角。
> 2. 当人与人之间的直接接触受到限制时,在谈判过程中就更需要处理好关系问题。
> 3. 有丰富的线上工具可供选择,利用这些工具就可以在线上谈判中游刃有余。
> 4. 尽量减少任何潜在的数字干扰源。
> 5. 根据谈判者的喜好和你的预期效果来调整谈判媒介。

延伸阅读

1. Carillo, K., Cachat-Rosset, G., Marsan, J., Saba, T. and Klarsfeld, A. (2020) Adjusting to epidemic-induced telework: empirical insights from teleworkers in France. *European Journal Information Systems* 30 (1). 19 October 2020.
2. Harkiolakis, N., Halkias, D. and Abadir, S. (2017) *e-Negotiations. Networking and Cross-Cultural Business Transactions*. Routledge.
3. Pinker, S. (2020) *The Science of Staying Connected*. WSJ Publishers, April 2020.

第二部分

谈判过程

第八章

营造合适的谈判环境

我希望游戏人生不再算一种罪过,因为我知道,一切终究不过是一场表演。

——拜伦《唐璜》

☐ 本章概要

- 营造谈判环境时需要考虑的内部因素
- 如何让对方感觉自己参与了谈判过程
- 外部设计技巧:如何营造良好的环境和氛围

营造谈判环境时需要考虑的内部因素

在第一部分中,我们了解了谈判过程的战略蓝图:

1. 确定使命宣言——回答"**我们将如何取胜?**";

2. 确定目标——实施践行使命的具体计划；

3. 确定目的——回答"**为何谈判？**"；

4. 收集必要信息——掌握对方及其背景信息。

接下来，我们将把这些方面与内部因素（自我管理）和外部设计（营造外部谈判环境）结合起来。

谈判始于你自己，特别是你的态度，而态度是一系列思想和情感的综合反映。与谈判相比，思想是逻辑性、策略性因素，而情感则是情绪化、深层次的因素。思想形成了外部的战略方针，而情感则从内部推动战略方针的实施。因此，你开始谈判和引导谈判的方式反映了你内心的力量感。许多谈判之所以失败，并不是因为策略方法不得力，而是因为内心力量不稳定，具体表现为对自己的能力和谈判技巧缺乏信心，不相信自己会获胜。

研究和实践证明，如果你说的话（你的言语信息）与表达方式和肢体语言（副语言交流和非语言交流）不一致，对方就会相信你的表达方式和肢体语言，毕竟肢体不会说谎。由此，我们可以进一步推论：如果你的战略蓝图与你的态度不一致，对方肯定会相信你的态度而非战略蓝图。

自我诊断

确定自己状况的最好办法就是做一些联想练习。

请写出下列词语的直接含义，即你读完每个词语后首先想到的东西。不要分析，重要的是抓住并记下你自发的本能反应。

- 谈判
- 获胜
- 合作
- 风险
- 竞争
- 需求
- 冲突
- 协议
- 对方
- 妥协
- 交易

现在看看你的清单。哪些词语占了上风——是那些与积极、充满力量、正念态度相关的词语，例如与谈判相关的成功、双赢、合作关系，还是其他的负面词语？也许你的词语联想不那么中性或乐观，那就看看是哪些词引发了更多的负面联想，它们背后是否有你特定的记忆或经历？

....

改变和强化心理的第一步是了解导致特定反应的原因。

在你的意识中，可能存在一些被你压抑在潜意识中的因素，这些因素阻碍你充分发挥谈判的潜能。

接下来，我们需要探讨如何为自己的外部表现做好内部准备。下面是五个有用的技巧。

1. 失败不在考虑之列：谈判者经常犯的一个错误是认为"除了这场交易我别无选择"。这种态度被称为"刀架在脖子上"，往往会导致自我情感绑架。如果你认为自己别无选择，你就会成为自己最糟糕的对手，变得被动和消极。最后，绝望的情绪将很难摆脱，也难以瞒过对方。记住，在谈判中，你应该全力争取胜利，而不是只求减少损失。

方法：使用"我将会……"句式。例如："我将会赢得这场谈判。"

禁忌：避免使用诸如"要是能赢就好了""要是我能赢就好了""也许这次我能赢"之类的措辞。

2. 享受谈判过程：谈判不是慈善活动。它往往是解决冲突的一种方式，其中涉及权衡利弊。这一过程很有意思，因为一个冲突可以有许多积极的方面，这取决于如何处理。它可以激发寻找新的解决方案的创新性和创造力，可以在双方之间建立相互依存的关系，也可以将视野扩展到显而易见的选择之外。

方法：了解谈判规则，成为最佳谈判者。

禁忌：避免认为对方的言行是针对自己的，因为对方在谈判桌上是为了最大限度地为自己争取利益。你也一样，不要让对手阻碍你实现谈判目标。

3. 先放松，再谈判：这里有一个有趣的悖论，或许能帮助我们正确看待问题。商界人士经常跟我说，他们在谈判前会神经紧绷，害怕即将到来的事情，希望它快点结束。与此同时，美国联邦调查局或纽约市警察局的危机谈判专家却与我分享，他们面对生死攸关的谈判时会从容应对。试想一下，在谈判局势本就很紧张的情况下，如果他们自己还感到焦虑，事态会如何升级。

方法：谈判前，听一首能让你平静下来或感到积极振奋的歌曲，或者记住一个能让你开怀大笑的笑话。

禁忌：避免陷入消极焦虑的旋涡，远离让你陷入这些状态的人。

4. 警惕先入为主的标签：想象往往比现实糟糕得多，这就是大脑最危险的地方——你想象的谈判场景可能真的会变成自我实现的预言。如果你认为这是一场困难的谈判，并且做好了应对困难的准备，那么谈判就会变得更加艰难，因为你会更加关注"困难"的方面，而忽略积极的因素（反之亦然）。

方法：把谈判看作生活中的场景——有起有落。接受这一点，并在形势严峻时牢记你的目标。随后，情况自然会再次好转。无论是美好的瞬间还是艰难的时刻，都不会永远持续下去。

禁忌：避免使用"这将是一场艰难的讨论""这是一个高压的环境""我正在进入一个战场"等说法（这些说法来自现实谈判案例）。

5. 独特的谈判主张：是什么让你成为一名出色的谈判者？与竞争对手相比，是什么让你脱颖而出？找出你谈判风格的独特之处，以及人们愿意与你谈判的原因。商业谈判通常是个人化的。

方法：确定谈判方式的独特之处。你是否善于倾听他人意见、了解他人及其需求、表达自己的要求、领导谈判、完成交易、平衡任务与关系以及建立伙伴关系？

禁忌：不清楚自身的优势是什么，而是关注自己的短处。极端的做法就是认为自己没有任何独特的谈判技巧。

我的一位培训学员曾告诉我，当她不太在意结果时，她总是最成功的。超然的态度会是促成谈判的秘诀吗？当然不是。"不太在意"是满足以下三个条件的结果。

- 与其在意一个结果，不如让你的选择有余地，至少要有两个额外的选择。知道自己还有其他不错的选择会提高你在谈判中的掌控感，同时也会让你在手头报价不理想时能够放弃。

- 找到合适的替代方案可以帮助你在交易失败时实施 B 计划。这就是所谓的谈判协议的最佳替代方案。如果你决定放弃谈判，你可以采用最佳替代方案。在我看来，最佳替代方案的确定应该是一个持续的过程，你拥有的替代方案越多，你对某个特定交易的需求就越不迫切。
- 通过评估替代方案，你可以深入了解自己与对方需求之间的共性和差异。这将帮助你确定"交易区"——在这一范围内你可以对条件做出让步，从而为双方创造价值。

三大谈判错觉

熟练的谈判者就像魔术师，他们将聚光灯引向他们希望你看的地方，并布置场景，以创造出理想的效果。读完第一部分后，你已经具备了战略家的素质，准备好应对谈判中的任务。然而，谈判还包括关系因素，你要说服谈判对手接受你的观点和愿景。从这个意义上说，谈判既是科学，也是艺术。因此，我们现在需要在谈判中融入一些艺术元素，在这方面，你的任务是为你的谈判对手营造三大谈判错觉。概述如下。

1. 自主权和选择权的错觉。人的心理由自我和本我两部分组成。心理学的研究表明，自我（有意识的）和本我（无意识的）很少能就其偏好达成一致。个体化过程的悖论在于，自我与本我的分离是个体走向成熟的必要条件。这个过程发生在两岁左右。在这个年龄段，最强烈的需求之一就是"自主"（因此，儿童的这一时期被称为"可怕的两岁"）。你的谈判对手也会表现出这种需求，这一点不足为奇。没有人喜欢别人强加给自己的解决方案。尊重谈判对手自主权的最佳方式就是给他们选择的余地，这并不意味着你要完全放手。相反，你应该对选择进行设定。例如，如果你对付款条件有需求，也可以谈判，你就可以把这方面需求设定为一个选择。比如，你可以问"你更希望30天还是40天的付款期限？"请注意，这两个选项之间只有10天的差别。尽管如此，这也是他们的（看似有的）选择。

2. 所有权的错觉。我在从事法律工作时了解到，即使合同设计得非常严密、无懈可击，客户在大多数情况下也会拒绝签署。原因很简单，因为他们觉得这不是他们的合同。如果你让对方参与寻求解决方案的过程，他们接受的概率就会大大增加。一个有效的策略就是寻求他们的支持或建议，这会让他们觉得自己的参与促成了最终结果。毕竟，不采纳自己的建议是完全不合逻辑的。建议在深入讨论之前，先共同商定谈判进程。大多数谈判者都搞错了这个顺序。所有权感是指让其他各方参与进来，让他们觉得协议是大家共同达成的。这样，他们以后就更有可能遵守协议。

3. 胜利感的错觉。如果你以前卖过东西，一标价马上就有人买走了，你可能会觉得自己标价太低了。这让你质疑自己对物品价值的判断，也让你不那么珍惜这笔交易。不用说，你不会觉得自己赢了。如果有机会，你可能会终止这笔交易。在你欢庆胜利之时，你的谈判对手也会这么想。他们会变得多疑，甚至想方设法毁约。为了避免这种情况，要让他们觉得自己才是胜利者。为此，你可以在最后做出一个小让步。理想情况下，这种让步对你来说应该无关紧要，虽价值有限，但对他们来说，这会被看作你对他们的认可和感谢，同时让他们觉得自己在协议中也有所得。

> **专家观点**
>
> 索纳利·帕雷克
> 美国 Ring Central 首席财务官
>
> 　　谈判中最重要的问题是，要确保深入了解对方的动

机。影响他们做出行为的不仅仅有财务或战略动机方面的因素，还包括个人因素、潜在动机，有时甚至是自尊心。你需要倾听对方的心声，了解他们真正关心的是什么。你需要做足功课——尽可能多地获取关于他们的信息，走进他们的内心世界，从他们的角度看问题。

在高风险的谈判中，你希望为自己争取到最大的利益，但你也需要考虑什么对对方有利。为了达成互惠互利的目标，你需要在不太重要的方面稍做让步。不要期望在每一点上都占上风，这种心态注定会导致谈判失败。成功的协议是谈判双方都做出了让步，但仍然觉得自己是赢家。不要把精力浪费在那些无法带来实质性进展的事情上。

高风险谈判是由任务和关系要素组成的一揽子交易。你向对方表达你的愿景，而对方则需要了解他们为什么要和你，而不是你的竞争对手交易。

在为成功创造条件时，你需要像棋手一样进行战略思考，未雨绸缪。在走向谈判桌之前，你需要做大量的准备工作。谈判的情况越复杂，涉及的变数越多，你需要付出的努力就越多。决策树、谈话录音和模拟

> 演练将帮助你做好准备。组建一支强大的谈判团队也很重要。确保内部协调一致，这样你在谈判时就会充满信心，并处于有利地位。

外部设计技巧

在谈判领域，物理空间是一个非常重要的方面。2015年在巴黎举行的联合国气候变化大会就是一个很好的例子，可以帮助我们了解需要注意的事项。

营造合适的氛围 在为期18个月的会议准备过程中，法国政府任命了一名政治代理人在幕后为各国外交官和学者的讨论提供支持。此举旨在通过为与会者牵线搭桥并间接施压，使与会者产生紧迫感，产生积极情绪，助力他们达成理想的协议。洛朗斯·蒂比亚纳（Laurence Tubiana）被选为会议大使和特别代表，她在"布置舞台"时非常注重细节。在充满法式风情的环境中，每个工作区都有一盏"优雅的弯曲台灯，散发着柔和的光芒"。她还在现场装修了一家面包店，供应新鲜的法棍和羊角面包。此外，在马拉松式的谈判会议结束后，谈判人员还可以在休息室小憩，养精蓄锐。环境对人们的情绪和行为有着重要影响，这些看似不起眼却意义重大的改变共同营造了一个平静和融洽的谈判空间。

合作伙伴，而非辩护者　由于发展中国家和发达国家之间存在分歧，领导双方代表团的任务交给了两位主席，分别是来自美国国务院的丹尼尔·赖夫斯奈德（Daniel Reifsnyder）和阿尔及利亚大使艾哈迈德·朱格拉夫（Ahmed Djoghlaf）。值得注意的是，两人已共事多年，他们不仅在专业知识上互补，在情感方面，他们也能够相互理解和支持。在大会中，谈判没有选择律师和专业谈判人员主持，而是由这两位代表主持，他们有过合作经验，并且在处理事务时公平公正，这有利于双方谈判团队的相互理解与合作。

在高风险谈判中，建议聘请一位独立的协调人，由他介绍基本规则并协调对话流程，促成谈判双方的合作关系。

达成共识　在会议开始前将近一年，各方共同起草了一份谈判文本，每位代表都可以提出自己的任何建议。这份文件的目的是传达善意和信任。这种预先起草的协议草案通常用于高风险谈判，作为合作的基础。此外，还可以确定相关问题和可能达成一致的要点。

大多数成功的谈判者都认为会议环境是一个关键因素。一条古老的谈判原则指出："心情越好，达成的协议就会越好。"因此，营造愉快的氛围，让自己和对方都感到舒适非常重要。

以下几点可以对谈判产生积极影响。

场地 在决定谈判场地时,有三种选择:中立地点、谈判对手的办公场所(在那里他们享有心理上的主场优势)或你的办公场所。邀请谈判对手到你的办公场所时,为了减轻他们的心理不适,请做到以下几点。

- 全神贯注,排除电话等干扰。
- 在会议室而不是你的办公室开会,给对方一种平等的感觉。
- 不要让对方等待。在许多文化中,让对方等待会被解读为将自己置于主导地位,同时暗示对方其"应有的位置",有轻视对方之嫌。

会议的时间和长度 谈判面临的主要挑战之一是时间。在高风险的交易中,事情发展很快,时间并不总是在你的掌控之中。

确定会议日期时,双方都不应在时间上感到有压力。理想的情况是有多个日期可供选择。如果一个人感到时间不合适,他的决策质量可能会受到影响。书面邀请函的内容应包括会议的开始和结束时间以及议程。此外,复杂的谈判应留出用餐和茶点的时间。

参与者的组成　谈判是一种动态人际关系，参与者的选择将对谈判产生影响。在决定邀请哪些人时，应考虑以下问题。

- 谁有权进行谈判？
- 谁有权做出最终决定？
- 是否存在人际依赖关系？
- 谁将被视为可信的权威？
- 有哪些性格类型，它们之间如何相互作用？

议程　议程可以作为一种工具，通过它你可以用一种含蓄而不强迫的方式搭建谈判舞台。有必要区分"开场议程"（即谈判邀请）和"谈判议程"。开场议程中的谈判内容应该是模糊的，不应事先透露任何要求，以免让谈判对手有机会提前准备反驳意见。例如："我们希望与您讨论潜在的合作关系。特此邀请您参加为期一小时的会议，具体议题将在会议上详谈。"至于"谈判议程"，我们将在第十一章中进行详细讨论。

你需要做的是让自己扮演主人的角色。我们所有人都学过社交礼仪和规范，利用它们帮助你顺利地引导谈判。关键是，在真正需要行使领导权之前，你就应主动占据主导地位。此外，你需要明白，营造谈判环境并不是为了操控对方。高风险谈判会导致压力增大,谈判赌注越大,参与者的情绪越容易激动。因此,**内心越不安,外表就要越平静**。你必须始终牢记建立信任关系,以真诚、诚恳和诚实的态度与对方互动。下面这个清单可以帮助你营造合适的谈判氛围。

谈判主持清单

桌子的形状会对谈判产生影响。特别是在有很多人参与的情况下,若是桌子过长,人们会因难以看清桌子另一端的人而产生疏远感。我们应努力营造一种包容的氛围。

巧妙地安排座位。你应该摆放好参会人员的名片,并引导大家入座。否则,所有甲方代表都会自然而然地坐在桌子的一边,而所有乙方代表都会坐在桌子的另一边,这样的座次会使谈判的气氛更紧张。

确保名片正确。仔细检查姓名的拼写和职位是否正确。

确定需要的设备。应准备好投影仪、笔和记事本等工作材料;幻灯片(如需要)应整理有序;一切都应经过预先测试,以避免出现技术问题。

确保有白板或活页挂图供你使用。这是一种非常有力的说服工具。你可以在白板或活页挂图上写下你的要求,并在整个会议期间将其置于醒目的地方。谈判对手看得越久，潜意识中就越容易接受这些要求。很快，他们会逐渐接受这些要求，把它们视为理所当然的。

考虑提供多少份文件副本。请注意，如果每个人都有"自己"的文件副本，即使文件内容相同，也会引发所有权效应。同一份文件就会有你的版本和他们的版本。为了避免这种情况，最好使用共享屏幕的方式，让每个人都发表意见，同时由一个人（你或你的团队成员）写下讨论要点和达成一致的意见。

不要订购餐饮。相反，可以一起外出喝咖啡、喝茶或共进午餐。离开会议室可以让思维更为开阔。这就像走到一个象征性的情感阳台上，虽然是物理上的移动，但实际上你可以从谈判活动中抽离出来。大家一同朝一个方向行走，这一象征性行为具有强大的影响力。值得注意的是，你们不能面对面地走，只能并肩走，这是一种合作的方式，而非对抗的方式。

提供茶点。不提供茶点会被视为无礼、傲慢的行为。坚果或水果等健康零食胜过那些让谈判者兴奋的能量饮料。

注意谈判室的氛围。舒适的椅子、适中的光线（既不要太亮，也不要太暗）、宜人的温度、小礼物、鲜花或礼貌的小举动，都有助于营造合作的氛围。

要点总结

1. 以积极的态度做好战略准备。
2. 营造三大谈判错觉：自主权和选择权的错觉、所有权的错觉与胜利感的错觉。
3. 在一场高风险的谈判中，内心越不安，外表就要越平静。
4. 在谈判过程中，既要做自己的主人，也要为对方当好东道主。
5. 建立信任关系，以真诚、诚恳和诚实的态度与对方互动。

延伸阅读

1 Lempereur, A. and Colson, A. (2010) *The First Move: A Negotiator's Companion*. John Wiley & Sons.
2 Opresnik, M.O. (2014) *The Hidden Rules of Successful Negotiation and Communication' 13: Management for Professionals*. Switzerland: Springer International Publishing.
3 PON staff (2016) In Business Negotiations, Set the Stage for Success: Through intensive planning, the organizers of the Paris climate-change talks streamlined a massively complex negotiation. 12 February 2016.
4 Shonk, K. (2019) *Online Negotiation Strategies: Email and Videoconferencing*. Harvard Law School.

第九章

在谈判中创造价值

复利是世界第八大奇迹。知之者赚，不知者赔。

——佚名

本章概要

- 如何为高风险谈判增值
- 与创造价值有关的常见挑战及其应对方法
- 价值型谈判的三大要素是什么
- 创造价值的条件

谈判中价值创造的重要性

在当今的商业环境中，增值已成为行业标准，而创造价值则很稀缺。要实现价值型谈判，人们需要转变以"我"

为中心的思维方式。以迷恋自我为特征的"自拍文化",已经从线上的社交媒体蔓延至实际的人际交往中,并且这种趋势在职业领域也很明显。最近,我的一位培训学员表示,当他倾听客户和商业伙伴讲话时,他最常听到的词是"我"和"我自己"。

这种以自我为中心的倾向在求职谈判中尤为明显。我很少看到应聘者在求职信中强调他们会为公司带来什么价值,大多数人都是描述他们希望从公司获得什么(例如,我想在最好的公司工作或向最优秀的人学习,我想在贵公司发展,我想规划自己的职业生涯,等等)。当前的环境中充满了机会。谈判者如果能够跳出以自我为中心的思维框架,从更广阔的角度考虑问题,就能获得强大的竞争优势。在本章中,你将了解如何把感知价值与谈判策略结合起来。我们先深入探讨一种经常遇到的商务情况。

价值型谈判

设想以下场景。你是为大型跨国公司提供培训服务的顾问。你收到了一位潜在客户的提案请求,他们需要你协助制定谈判策略,以应对他们即将与业务合作伙伴进行的谈判。如果谈判顺利,他们将扩大业务范围,并建立新的合作伙伴关系。由于这笔交易关系重大，他们需要专业的谈判方法。你把提案发送给他们，他们随即以一条简要的感谢信息回复了你，以此确认收到你的提案，随后又杳无音信。两周后，你决定继续跟进此事。结果，他们邀请你与负责该项目的总经理进行面对面会谈，他将成为你的主要对接人。

由于此次交易非常复杂，你的提案中包含了许多需要讨论的要点，如保密条款、协助范围、咨询费用、服务期限、交付条款、责任分配等。你与直接对接人（即总经理）的会谈持续了数周之久。大约两个月后，你又收到了采购主管的会面邀请，于是你又安排了一次面谈。当你踏入她的办公室时，你见到了采购主管。她对你的态度很冷淡，似乎对当前谈判的进展和你的提案都不感兴趣。

在谈话开始时，她以事务繁忙为由，表明只能给你20分钟时间，并建议直奔主题。"如果你们不在初始提案的基础上给予我们25%的折扣，那我们就没得谈。"她把话抛给了你，然后期待地看着你，沉默不语。

....

任务：在继续阅读之前，请花点时间思考一下你的感受以及你会如何反应。先写下你最初的想法，然后起草一份应对计划。完成后，再花点时间反思一下你最初的想法和计划的逻辑性。现在回答以下问题。

问题：

你真的认为潜在客户有兴趣与你达成交易吗？是？不是？

你最关注谈判场景中的哪些因素？

你的应对计划是否包括创造价值？

....

最根本的问题是，你的潜在客户是否真的有意与你达成交易。这将决定你的反应，也会影响你的谈判重点——是专注于还价，还是创造价值。为了回答这个问题，我们必须透过现象看本质。本案例中包含了以下战术：

- 客户在你初次提交提案后保持沉默。
- 经过数周的谈判，你已经在这个过程中投入了大量的时间，随着谈判的深入，你越来越希望能够达成这笔潜在的交易，以避免之前投入的时间付诸东流。
- 更换谈判伙伴——只要加入新的参与者，谈判的态势就会发生变化。
- 采购主管加入，是为了增加谈判的优势。由于其角色的关系，对手会期望她在谈判中能特别关注财务问题，而事实上，她也确实提出了这方面的要求。

- 采购主管无动于衷、冷淡的态度：
  - 然而，这又是为了让你怀疑提案是否有吸引力。
  - 有些谈判者还会试图"缓和"这种态度，没话找话，而这会使你的注意力偏离面谈的主要目的。
- 采购主管掌控全局，开门见山直接提出条件。
- 时间压力，20分钟的时间限制。
- 以威胁的形式（例如，如果你不这样做，将产生……后果）提出降价25%的强烈要求。

从对方使用的战术数量来看，对方非常希望与你达成一致。当你觉得对方的战术夸张时，那么你基本可以确定谈判将是势均力敌的。在这种情况下，许多专业人士的自然反应就是讨价还价，把注意力集中在提出论据来证明自己的提议"公平"上。面对最后期限时，他们因害怕交易失败而变得焦虑，因此他们会冒险承诺一些对自己不太有利的条件。最重要的是，他们的精力都放在了讨论价格上，而重点应该放在创造价值上。为了避免零和博弈，值得花时间了解谈判对手对价值的认知。具体来说，要超越你们当前谈判的视角。对方有利益相关者，他们希望通过与你的交易满足这些人的利益诉求，这才是与你谈判的真正价值所在。

与创造价值有关的常见挑战

根据与商界专业人士的交流，我总结出了在高风险谈判中与创造价值有关的三个常见挑战。具体如下。

挑战 1：如何向对方解释提案的价值？

方法 和美一样，价值也是主观的，取决于观察者的看法。你无法向与你观点不同的人证明自己的观点是正确的。与其解释为什么你的提案有价值，不如集中精力了解对方想要什么。他们如何定义价值？一旦了解了他们的价值体系，就可以根据他们的偏好来调整你的提案。

挑战 2：如何将重点从价格导向转向价值导向？

方法 第十二章中讨论的冰山理论将对你有帮助。首先，确定价格所代表的含义（他们的立场只是冰山一角）。其次，揭示这一立场背后的利益、动机和需求（即隐藏在水面以下的部分）。基本上，你需要做的就是了解他们的价值体系。一旦做到这一点，就可以将这种感知到的价值与价格讨论结合起来。你还可以扩大交易范围，使价值领域更加广泛，然后将对话引向财务方面。如果他们根本不在乎价值，只关心价格，那么你就需要考虑这笔交易是否能为你带来价值——不交易也是一个合理的选择。我们将在第十三章中更详细地讨论这个话题，该章专门讲述如何结束谈判。

挑战 3：如何平衡价值的实现和交易的达成？

方法 急于完成交易，可能会使双方失去增加未来价值的机会。价值型谈判需要花费更多的时间和精力，但最终结果更有价值。可能出现的情况是，当客户向咨询公司或培训公司寻求帮助时，他们可能并不完全了解自己到底需要什么。他们只看到了组织问题的表象，却没有真正找到问题的根源。你的任务是找出问题的根源，形成提案，然后再呈现提案的好处。

价值型谈判的三大要素

创造价值的三个层面是：交易（谈判双方要完成的任务）、双方的关系、外在价值。

为交易创造价值——议价空间和谈判空间

第一点相当容易处理，因为它基于谈判的财务评估。从货币的角度来看，你可以使用两个标准来判断交易是否合理。第一个标准是议价空间。这一概念衡量的是双方的期望值是否存在财务上的"交集"。在销售型交易中，这一"交集"是指买方愿意支付的最高价和卖方愿意接受的最低价之间的差价。如果交易结果落在谈判双方的议价空间内，那么就会给双方带来货币价值。

第二个标准由你的谈判空间确定，即你为谈判设定的最高（理想）目标和最低目标之间的空间。只要在这个谈判空间内，这笔交易对你来说就具有货币价值。

在关系中创造价值——双储备策略

除非谈判是一锤子买卖，否则对交易的评估就不能单纯以任务为导向。一项持久的、可执行的协议不仅能实现目标，还能密切双方的关系。商业也具有个性化的特征，人们希望与可以信任和依靠的伙伴打交道。你可能无法满足对方的所有财务要求，但你的谈判风格和方法对他们同样有价值。你可以通过对关系的投资为交易注入价值。

一个简单的工具就是双储备策略。在谈判开始时，想象你正在开设两个账户，一个是积极储备账户，另一个是消极储备账户。消极储备账户代表你在达成协议时不可避免地会遇到的挑战或障碍，而积极储备账户需要你每天

"充值"。这样，出现问题时，你就可以用积极因素抵去消极因素。图 9-1 列举了一些例子，展示了如何为这两个账户注入"资金"。正如你所注意到的，关键是要让积极因素占上风。

积极储备	消极储备
・公开交流 ・尊重 ・透明 ・不操纵 ・信任 ・谈判进程中的共同所有权 ・包容性对话 ・共同解决问题	・语言攻击 ・暴力交流 ・思想封闭 ・操纵 ・威胁 ・陷入困境 ・相互矛盾的要求

图 9-1 双储备策略

外在价值——你－他们－利益相关者体系

创造价值的最后一个要素并不是谈判者所考虑的典型要素。如果看一下前面讨论的三大挑战，就会发现价值主张通常仅限于双方的交易范围。这种双重视角忽略了一个重要因素——外部环境，更具体地说，就是利益相关者。

谈判结果比交易本身的意义更广泛，它对双方都有外在影响。为了创造价值,你需要考虑交易对对方的影响——对方与你谈判的框架之外的所有情况。让我们以一家为客户提供 IT 解决方案的公司为例。当该公司与客户谈判时,说服客户的最佳方式是展示谈判产品和服务的价值,这些产品和服务与客户没有直接关系,而是与它们的客户和利益相关者(相对该公司而言的第三方)有关。

这就是我所说的"你–他们–利益相关者(Y-T-S)体系",如图 9-2 所示。实际应用提示:在你与对方谈判的直接影响范围之外寻找外在价值。

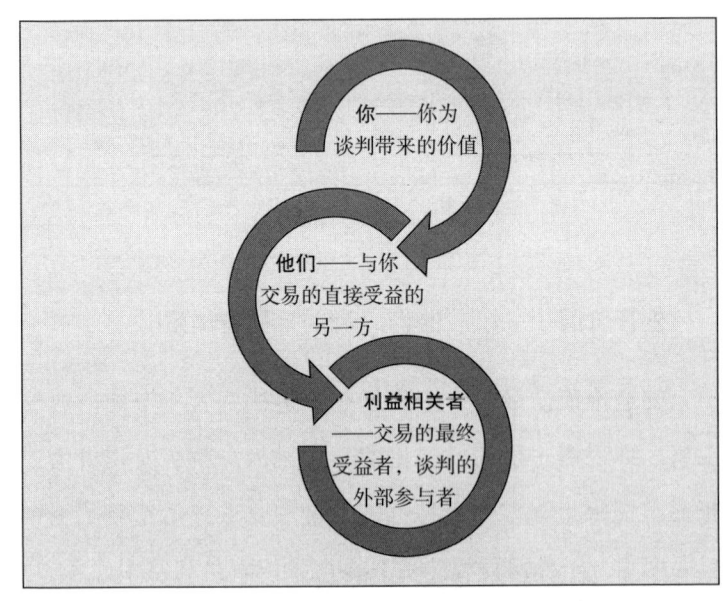

图 9-2　你–他们–利益相关者体系图

创造价值的条件

创造价值的能力是成功的谈判者的基本技能之一。因此,有必要了解价值型谈判需要具备哪些先决条件。创造价值被认为是一项战略性的、以过程为导向的工作。然而,这需要谈判者具备一定的心理素质。价值型谈判要求谈判者有能力看到对方的立场或要求(即我们之前所说的冰山一角)之外的东西。只有做到这一点,创造力才能源源不断。同时,建议打破常规思维模式,在自己的领域和行业之外寻找灵感,这是激发创造力的绝佳途径。

艺术家在强烈的情绪影响下会构思出最佳作品。但谈判与艺术创作截然相反,谈判中的创造力需要理性的方法结合安静放松的心态。只有当你有替代方案时,这种状态才有可能呈现。在谈判中感觉刀架在脖子上,这对创新毫无益处。

现在,我们将更详细地探讨谈判协议的最佳替代方案和备选方案这两个流行的概念,以及在交易中如何用它们创造价值。

谈判协议的最佳替代方案

谈判中的权力来自谈判者能够获得对手所没有的多种

资源。一个简单的逻辑就是，拥有更多资源的一方更加独立，对交易结果的依赖性更小。谈判协议是最佳替代方案是使内心轻松的最重要的工具。如果你想增值，首先要确保在谈判之外还有多种选择。从心理上讲，你的最佳替代方案是创造备选方案的条件（关于备选方案的内容稍后详述）。你拥有的外部选择越多，并能让谈判对手相信你拥有这些选择，你作为谈判对手的价值就越大，他们也会更有动力为交易增值，从而使你选择与他们达成交易。

传统的交易方法通常侧重于找到和评估替代方案，却没有指出替代方案只是实现价值的工具。另一个限制因素是，谈判者为特定决策确定的替代方案范围往往过于狭窄。例如，在申请工作时，人们通常只会将一份工作机会与当前工作进行比较，而不会创造其他替代方案，如在其他城市或国家工作。因此，最具创造性或与众不同的替代方案就被埋没了。

以下是创建最佳替代方案的三个注意事项：

1. 一次只关注一个目的。
2. 将替代方案与目的结合起来重新评估。
3. 考虑最宽泛的战略目的。

创建备选方案并制定框架

谈判协议的最佳替代方案与备选方案是有区别的。备选方案是双方在特定**谈判中**能够达成一致的所有方案,以及对谈判中可能发生的任何事情达成一致意见。替代方案指的是**谈判之外**的可能性——你在当前谈判之外的解决方案(如果你决定不达成交易),以及你可以在未获得对方同意的情况下自行实现的结果。

在制订备选方案之前,你需要考虑如何构建交易框架。谈判中的框架指的是我们提出提议的方式,它会极大地影响对方对报价的看法。

有三种策略可以帮助你成功地制订备选方案

1. **提供三种选择**:有关市场营销和消费者行为的研究表明,人们更喜欢较少而不是较多的选择,这是对谈判框架设计的一个相关发现。提出太多备选方案时,一方可能会不知所措,反而不愿意做出选择。因此,建议你提出的备选方案不要超过三个。

2. **提出多个提议**:尽管限制选择很重要,但研究表明,给出三个价值相同但侧重点不同的提议不失为一种好策略。当你给出多个提议时,对方可以自由选择,而对方的反应也会告诉你他们优先考虑哪一方面。

3. **故意让对方拒绝：** 对比概念的观点是，当一个报价与另一个更低的报价相比时，它会显得更有吸引力。这种效应意味着谈判可以采用这种心理暗示策略。在降低报价之前，提出高于实际目标的要求，并预期会遭到拒绝。在遭到拒绝后，降低了的报价可能会显得更有吸引力。

谈判中的创造力

创造力是将谈判从分配型（分蛋糕）转变为整合型（做大蛋糕）的有用工具。举例来说，汽车卖方可以提供车辆质量保证书，这样买方更容易接受比预期更高的价格。

以下是利用创造力创造价值的一些方法：

交易互惠 交易互惠是指在低价值与高价值问题上交换让步。其目的是获得更好的共同成果，而不是妥协。因此，双方可以在对自己价值较低的问题上做出让步，从而取得更好的结果。很多谈判者因为认为蛋糕大小不能变而错失了交易互惠的谈判机会。为了达成最佳的交易，谈判者必须改变这种观念，并理解谈判人员对所讨论问题的不同价值取向。

考虑共同利益 通常在达成商业交易时，你和交易对手在这些问题上会有共同的利益倾向。通过充分交流信息，双方更有可能充分发掘共同利益,从而达成令双方都满意的协议。

扩大交易范围 谈判中常见的反应是立即进入零和价格讨论,结果是妥协或单方面让步。相反,建议先扩大交易范围,然后再做出让步。

问题拆分 仔细审视任何一个谈判,谈判者都会发现,除了价格方面的问题,还有许多其他问题。在拆分问题时,新的谈判议程可能包含一些有价值的信息,有利于交易互惠,扩大共同利益。

或有合同 双方商定一个较低的销售价格,并约定未来根据收益情况支付额外款项。这对双方来说都是一个创造性的解决方案,具有风险共担的附加价值。

专家观点

杰克·坎布里亚中尉
教官、警务顾问、企业培训师、纽约市警察局人质谈判组指挥官

尽管企业谈判和警务谈判的原则几乎相同,但就制订替代行动方案的挑战性而言,这两种情况无法相提并论。在商业环境中,你能在与对方会面之前提前制订计划。这样,你就可以研究所有问题,并了解谈判

对手。你们可以商定共同的时间和地点，安排一次午餐会，如果需要休息或重新讨论问题，可以约定次日会谈。

危机谈判专家就没有这些便利条件。他们接到任务后需要立即制订策略，无法事先安排好场景。这就有点像在电影放映到一半时走进电影院，剧情已经进入中场。然后，你需要回溯调查，以确定发生了什么，并与有敌意的人建立友好关系，如罪犯、失去自控的人和企图自杀的人。与难缠的谈判对手打交道需要时间。

为了应对其中的挑战，建议采用一些战术。例如，在纽约市警察局，我们经常使用所谓的引导手段。如果劫持者不想与我们（纽约市警察局的谈判人员）谈判，我们就会以特警队的形式引入战术：挟持者从窗户上可以看到大楼被特警队持武器包围，他的替代方案就是与我们谈判。一旦建立了沟通渠道，就需要积极倾听。你的目标是找到一个"钩子"，并将其作为影响行为的诱导因素。这个"钩子"可以是任何东西，比如孩子、宠物、在家等着吃饭的家人。你可以利用对方的这些信息，向他们展示不接受谈判的严重后果，例

> 如失去对孩子的监护权、宠物被送往收容所、被捕后遭到家人的拒绝等。通过向对方说明不配合的严重后果，你可以诱导对方与你合作。

要点总结

1. 增值已成为行业标准，而创造价值则很稀缺。
2. 在谈判中创造价值始于改变以自我为中心的心态。
3. 一项持久的、可执行的协议不仅能实现目标，还能密切双方的关系。
4. 在与对方谈判的直接影响范围之外寻找外部价值。
5. 当你让对方相信你有替代方案并能为他们提供有吸引力的备选方案时，你对对方就更有价值。

延伸阅读

1 Giebels, E., Dreu, C.K.W. and Van de Vliert, E. (2000) Interdependence in negotiation: effects of exit options and social motives on distributive and integrative negotiation. *European Journal of Social Psychology* 30, 255–272.
2 Hüffmeier, J. and Hertel, G. (2014) Creativity in negotiations. *Negotiation Excellence*, pp. 59–77.
3 Keeney, R.L. (1994) Creativity in decision making with value-focused thinking. *Sloan Management Review*.
4 Putnam, L.L. (2010) Communication as changing the negotiation game. *Journal of Applied Communication Research* 38 (4), 325–335.

5 Shonk, K. (2021) Framing in negotiation. Program on Negotiation, Harvard Law School, Daily Blog.
6 Shonk, K. (2021) Principled negotiation: focus on interests to create value. 1 February 2021. Program on Negotiation, Harvard Law School, Daily Blog.
7 Vidar, S. (2013) Creative people create values: creativity and positive arousal in negotiations. *Creativity Research Journal* 25 (4), 408–417, DOI: 10.1080/10400419.2013.843336.

第十章

在谈判中发挥主导作用

领袖,知其道、行其道、授其道者也。

——约翰·马克斯韦尔(John Maxwell)

本章概要

- 权力和权威的区别以及如何获得权力和权威
- 领导型谈判者有哪些特质
- 确定谈判中的具体角色和职责

为什么领导谈判的方式很重要

谈判是人与流程管理之间的平衡举措。引导人的因素是交易成功的先决条件。为了成功完成谈判,需要做到两点：谈判条款应具有可执行性，双方应建立并加强业务联系。因此，谈判者需要成为一名优秀的战略家，能够处理人际关系的变化，特别是要了解人们愿意追随你的原因。现在，我们将探讨如何以精湛的人际关系技巧和商业智慧应对这两项挑战。

权力与权威的区别

我们已经发现，在外部，权力是指让对方做没有我们的命令他们就不会做的事的能力。正如巴特勒所说："被迫服从的人，依旧保持原有的观点。"这句话道出了这种方法的问题所在。没有达成共识的协议持续时间很短，强迫达成的协议比没有协议更糟糕。因为从长远来看，它既不能使双方完成任务，也不能密切双方的关系。因此，使协议可执行的条件是让对方自愿遵守你的规定。要做到这一点，你必须拥有权威。权威是一种影响力，它建立在人们对合法性的认知之上。关键在于"被认可"。要让人们愿意追随你，他们就必须把你视为可信的（权威）人物，并接受你。权力和权威之间的区别在管理和领导的定义中显而易见。

管理是指导、协调、控制和规划他人工作的过程，其重点主要是流程或任务。领导则是指提出想法和愿景，依靠对想法和愿景的信念，影响他人自觉践行。管理者可以被任命并赋予权力，但这并不一定能使他们成为对方眼中的领导者。要想成为领导者，更重要的是先了解对方——他们的信念、价值观和愿景是什么？只有当对方认可你的信念、价值观和愿景时，他们才有可能自愿服从。领导结合了关系因素和任务因素，本章的重点就是区分谈判角色的管理和领导能力。

不熟练的谈判者常犯的错误是试图施加压力。但权力的悖论在于其微妙性：那些感到自己有权力的人其实不需要向自己或对方证明自己拥有权力。通过语言或身体上的压制来行使权力往往只是表面上的，例如握手时十分用力。而且具有讽刺意味的是，最危险的谈判者往往是最和蔼可亲、看似最不强势的人。

英国犯罪小说女王阿加莎·克里斯蒂塑造了两个与众不同的侦探形象，一个是大名鼎鼎的赫尔克里·波洛，另一个是鲜为人知的马普尔小姐。马普尔小姐来自英国圣玛丽米德。尽管她的侦探形象并不引人注目，但她的成功令人印象深刻。她的方法依赖于对人性的观察，而她生活的小镇是人类性格类型的一个缩影。马普尔小姐精通人物侧写，因此破获了许多谋杀案和其他案件。她的手段很简单——装天真（又称装傻）、无害，在外人看来她对案件毫无头绪。由于她表现得能力有限，人们往往会对她放松警惕。赫尔克里·波洛经常宣称自己是"有史以来最伟大的侦探"。人们对他有戒备心，意见总是有所保留，有时人们甚至怀疑他那最伟大的侦探的名号是否属实。马普尔小姐的方法更加低调，但最终同样取得了成功。

下面举例说明如何在谈判中使用马普尔小姐的有限权力法：

听了你的想法，我会把你的诉求转达给我的上司。我认为这对我们来说是一个具有挑战性的问题，但我们会认真考虑。虽然我是和你们讨论的牵头人，但我不是最终的决策者。之后，我会给你答复的。

你可以是最终决策者，也可以不是。对你来说，这样做的好处是可以赢得时间，不至于过早做出承诺。弱化自己的权力，会使对方在你面前放松警惕。在我的经历中，我做过的最糟糕的交易就是因为承认自己是谈判顾问才变得糟糕的。这么做通常会让对方多还价15%，并试图向我证明他们的谈判能力。承认自己的权力——尤其当你觉得自己没有完全控制权时，往往会激发对方的反击力量。因此，建议依靠权威，而不是仅仅依靠权力。

如何确立自己的权力

实践表明,权力与建立信任关系的能力有关,同时也与掌控谈判过程有关。因此,这就需要掌握软技能和硬技能。

> **专家观点**
>
> 贝妮塔·赫斯
> 瑞士毕马威生命科学总监
>
> 　　首先,我们需要确定我们对高风险谈判中权力的理解。成功的谈判有两个关键条件——安全的环境和双方互相尊重的心态。只有在相互信任和权力相当的情况下,双方才能进行出色的谈判。权力若不平衡(真实的或感知到的),另一方就不会妥协。
>
> 　　因此,谈判中的权力通过坚实的基础,也就是牢固的关系,得以增强。如果你想长期合作,就必须准备好为对方投入时间和精力,同时你们达成的协议不能只对单方面有利。在高风险谈判中,你需要有明确的战略,知道自己的目标是什么,做好充分准备。在开始谈判之前,你要具体了解自己的最终目标,还要愿意妥协。无论是在战术层面还是人际交往层面,都不

> 要低估前期准备工作的必要性。
>
> 达成可执行的协议需要具备几个必要因素。这些因素是硬技能和软技能的结合。具体如下：
>
> - 实现谈判目标的战术能力是你需要掌握（和拥有）的硬技能之一。
> - 软技能（可以训练）——有效沟通的能力、倾听能力、解决问题的能力、决策能力、与不同的人打交道的能力、处理不同情况的能力，以及减少误解的能力。
>
> 总之，各种技能、妥协、合作和适应能力，以及信任和尊重，是使你在高风险交易中释放谈判潜力的关键。要明确自己想说什么、想达到什么目的，并有足够的毅力坚持到底。

领导型谈判者

领导不仅是职位或组织结构图上的一个位置，它还反映了一种角色、一系列职能及相应的行为。纵观全局，领导力可被视为优化资源和管理团队的能力，这与谈判中的任务和关系要素类似。这也表明，谈判和领导力这两门学科是相互关联的，高效谈判者必备的行为特质与某些领导特质相辅相成，它们共同构成了"领导型谈判者体系"。

安全基础 实质性的因素，如领导者的逻辑、假设、意识形态和情感模式，可以强化他们的推理能力、直观感知能力，这些因素可以赢得追随者，从而对谈判产生重大影响。发生这种情况的条件是，领导型谈判者的假设与另一方的假设一致。如图10-1所示，一名合格的谈判者要能够控制谈判心态、谈判人员和谈判过程，成为整个团队的依靠。

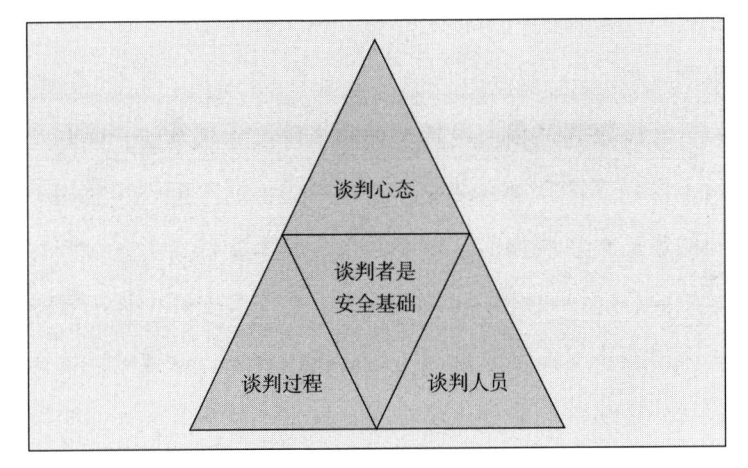

图 10-1　领导型谈判者体系

调整谈判心态　与谈判类似，领导力也源于内心。因此，最难进行的谈判往往涉及可能破坏谈判的个人臆断。有些个人臆断属于思维定式，可能不利于谈判，举例如下：

- 过去和未来必须相互关联。
- 避免复杂问题与过度简化复杂问题都是一种优势。
- 可以用同样的方法处理所有问题。
- 存在放之四海而皆准的解决方案。

管理谈判人员 谈判成功有赖于对新思想持开放态度，努力了解他人的价值观，以共同改善谈判结果。如果领导者被偏见蒙蔽双眼，按照陈规陋习行事，难以接受多样性，或被自己习惯的行为模式左右，那么合作的机会就会受到限制。

管理谈判过程 谈判包括四个阶段：谈判前、谈判开始、谈判交锋和谈判结束。在谈判的不同阶段必须使用不同的策略。在谈判前，重要的是收集重要信息。在谈判开始阶段，建议以观察和倾听为主。在谈判交锋中提出要求和做出让步时需要表现出一定程度的自信，这样才能取得成功。在谈判交锋接近尾声时，宜提出替代方案，以结束谈判。

领导型谈判者需要在这些方面做到游刃有余。不能混淆领导型谈判者与首席谈判代表。首席谈判代表是一种战略角色。领导型谈判者是指具有领导思维并具备相应特质的人，这些特质对追随者具有吸引力。

选择何种谈判风格

负责谈判进程的谈判者可以从三种不同的领导方法中进行选择：强制型方法、规范型方法、功利型方法。

强制型方法

强制型方法依赖权力说服。运用权力的形式可以是奖励，也可以是惩罚。剥夺一些东西，例如给提议设置时间限制、取消忠诚度折扣或优先供应商地位，会对另一方产生强烈的刺激作用。

何时使用强制型方法：当对方固执地不合作、不承认你的地位或此次交易并不涉及长期关系时。

规范型方法

规范型方法依靠个人价值观和信仰来实现，通常会制造认知失调。认知失调是证据（客观证据或对方捏造的证据）与个人的世界观、价值观和信仰相冲突的一种心理状态。其原理如下：如果你想让一个人同意做一件大事，首先要确保他认可愿景的一部分。例如，如果你正在为保护野生动物募捐，那么你可以说服他在房屋外立面贴上支持募捐的广告。等到他开始认同野生动物保护者的身份，再提出更高的要求。一旦他认可自己野生动物保护者的身份，就很难拒绝你的要求了。

何时使用规范型方法：对非常有主见的人（他们有强烈的自主需求），且只有在你了解了他们的价值观和信仰之后才能使用。

温馨提示：仅用于正当理由。如果你不真诚，对方拒绝接受规范型方法也是情有可原的。

功利型方法

功利型方法是通过对方得到的利益吸引对方。这种方法回答了一个基本问题：对我有什么好处？谈判不是慈善事业，这是一场交易游戏，双方参与其中都是为了得到自己的利益。否则，就不会有谈判。

何时使用功利型方法：实际上任何时候都可以。你需要向谈判对手说明为什么交易对他们有利，这是确保他们买账并对谈判条款做出长期承诺的条件。

专家观点

亚历山德罗·索尔达蒂
瑞士黄金大道首席执行官

　　领导方法取决于谈判类型。在高风险谈判中，例如在贵金属行业的有些谈判中，了解谁是决策者非常重要。如果你是在与律师交谈，他是你和客户（真正的决策者）之间的中间人，那么你就要注意如何安排信息流。你需要确保你所说的话在传到最终决策者那里时意思不会被歪曲。另一个因素与信息不对称有关。主持讨论的谈判者需要了解对方掌握了多少信息，他们是否已经定了最佳价格，他们对行业的具体情况了解多少，以及他们对此类交易了解多少。掌握的信息越多，你就越能在谈判中占据主动地位。信息就是力量，它能让你自信地主导谈判。

在高风险交易中，了解竞争者的数量非常重要。例如，你需要注意客户可能会利用你提供的信息与你的竞争对手进行比较和谈判，从而得到更好的条件。你需要判断分享的信息，这并不容易。因为你需要说得足够多，他们才能够做出决定，但你又不能说得太多，以免给竞争对手留下机会。一定要让对方多说，在提供信息之前先获取信息，通过倾听来引导对方。

决定战略角色

常见的误解是，谈判是一个人的独角戏。在高效谈判中,情况肯定不是这样。一个人不可能既是指挥者,又是演奏者。为实现高效谈判,建议成立一个由以下三个角色组成的谈判小组:决策者、谈判者、谈判导师。

下面具体讨论每个角色的职责和形象,以及这些角色之间的相互作用。

决策者的职责

战略布局——规划、指导和控制谈判。包括以下几点:

- 确定谈判使命宣言。
- 确定战略目标和战术目标,包括最高目标和最低目标。
- 决定谈判的时间框架。
- 安排团队角色。
- 做出最终决定。

担任决策者的人需要具备以下特质:

- 具有战略思维和长远目光。
- 无微观管理倾向(以免取代管理者的角色)。
- 不篡权。
- 规划能力良好。
- 能正确判断他人品格以任命谈判者和谈判导师。

- 有责任心和责任感。
- 能做出决定并坚持到底。

谈判者的职责

战略执行和领导——提出想法和愿景,把它们具体呈现出来,并说服对方跟进。包括以下几点:

- 专注于谈判任务。
- 收集必要的信息。
- 采取正确的谈判策略并加以实施。
- 提出要求。
- 创造价值。
- 完成交易。

担任谈判者的人需要具备以下特质:

- 自我管理能力强。
- 沟通技巧有效。
- 能观察到细节。
- 能抗压,应对紧张局面。
- 平衡权力与权威。
- 具有感召力和谈判表现力。
- 主动。

- 解决问题的能力良好。
- 强势：知道何时替换不合适的人。

谈判导师的职责

谈判导师是谈判者的稳定剂以及决策者与谈判者之间的中介。其作用如下：

- 时刻关注谈判。
- 能够纵观全局，洞察谈判者在激烈谈判中可能忽略的问题。
- 是客观、沉默的观察者。
- 了解对方的潜在动机和需求。
- 更多通过关系而不是任务来营造积极的氛围。

担任谈判导师的人需要具备以下特质：

- 有很强的自控能力（以免在讨论中被牵扯而失去客观性）。
- 善于判断他人品格。
- 观察力出色。
- 是所有谈判者中的权威人物。
- 亲和力强。
- 能够纵观全局。

这些角色如何协同工作

谈判过程从谈判者开始，由他介绍谈判战略（使命宣言、目标和目的），并指定团队成员的角色。谈判者还负责与对方互动，并负责战略执行（收集信息、选择策略、交易、创造价值和达成协议）。谈判导师在决策者和谈判者之间起到了桥梁作用，并为谈判者提供稳定支持。决策者做出最终决定。图 10-2 展示了这三种角色的相互作用。

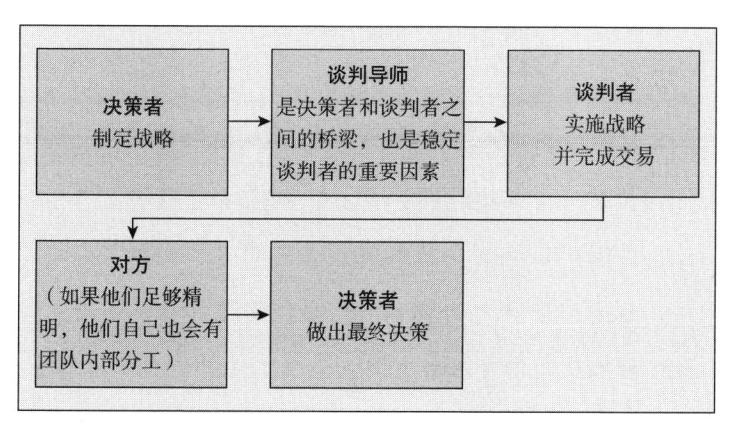

图 10-2　角色之间的相互作用

人越多越好吗

从业者经常会问，人多力量大吗？如果对方带了几个人参加讨论，你是否应该把人数增加一倍？除了印象管理，让太多的人参与，弊大于利。大型谈判团队的危险之处在于群体思维、个人责任感缺失、易受暗示影响和缺乏理智。出于这些原因，我建议采用由决策者、谈判者和谈判导师这三种角色组成的精干组织。

你可以控制自己的谈判进程。如果发现自己在与多方进行谈判，可以使用以下具体技巧：

- 为谈判制定基本规则。
- 达成百分之百的共识是个神话，不要试图让每个人满意。
- 控制谈判进程，不要让某个人操纵谈判。例如，如果一方拒绝让步，最好把重点放在那些有可能因此而动摇立场的其他各方那里。这样可以建立一个强大的联盟，让阻碍交易者在加入交易和放弃之间做出选择。
- 为了管理庞大的团体，最好将其分解成易于管理的更小规模的团体。
- 对大问题也是如此，应将其分解为更小的问题进行讨论。

领导你的谈判代表团

为了管理谈判代表团并正确领导他们,决策者可以指定一名谈判者负责管理整个代表团的人员。谈判者必须做好充分准备,评估团队成员(包括其心理特征和技能特长),并明确分配角色和责任。权力必须明确,但与此同时,团队成员必须达成共识,不破坏权威。必须始终关注目标,并在过程中保持一致。所有团队成员都应保持一致,并向对方传达相同的信息。谈判者必须为团队指定明确的路线图。重要的是,谈判者不要表现得独断专行,而是要提出问题,营造信任和包容的对话环境,以民主的方式领导小组成员。最后,决策者应对自己做出的决定负责。

要点总结

1. 谈判是管理能力和领导能力的结合。
2. 使用有限的权力(马普尔小姐的方法)比参与权力斗争更有用。
3. 在没有建立稳固关系的情况下行使权力,很难达成可执行的协议。
4. 一名优秀的领导型谈判者应该是对方愿意追随的人。
5. 确定谈判团队成员角色涉及战略规划和寻找合适人选。

延伸阅读

1. Hiebert, M. and Klatt, B. (2001) *The Encyclopedia of Leadership – A Practical Guide to Popular Leadership Theories and Techniques.* McGraw-Hill.
2. Kray, L.J. (2007) Leading through negotiation: harnessing the power of gender stereotypes. *California Management Review* 50 (1).
3. Long, B.S. (2016) Collective bargaining as the negotiation of competing stories: Implications for leadership. *Journal of Strategic Contracting and Negotiation* 2 (1–2).
4. Pon Staff (2020) Techniques for Leading Multiparty Negotiations: Structuring the Bargaining Process, Negotiation techniques from great negotiator Tommy Koh on how to lead multiparty negotiations. Pon Staff, November 2020.
5. Salacuse, J.W. (2017) *Real Leaders Negotiate – Gaining, Using and Keeping the Power to Lead Through Negotiation.* The Fletcher School of Law and Diplomacy, Tufts University, Medford, Massachusetts, 6 January 2017.
6. Saner, R. (2012) *The Expert Negotiator.* Leiden/Boston: Martinus Nijhoff Publishers.
7. Sylvester, K. (2016) *Negotiating in the Leadership Zone.* Colorado Springs: Elsevier Inc.
8. Zohar, I. (2015) *The Art of Negotiation – Leadership Skills Required for Negotiation in Time of Crisis.* Bolyai University Cluj-Napoca, Romania.

第十一章

展 开 谈 判

始于理想,终于交易。

——卡尔·阿尔布雷希特(Karl Albrecht)

本章概要
- 展开谈判时需要考虑的事情
- 锚定效应及其操作方式
- 如何设计一个成功的议程

展开谈判

即使是经验丰富的谈判者在开始一项新的谈判时也会感到紧张和不安。当我们为谈判做准备时,通常可以在一个没有外部干扰的环境中，比如在我们可以控制的地点和时间。然而，开始阶段却不那么安全和可预测，因为这是两个当事方相遇的时刻，很难预测态势会如何发展，这会导致压力增大。然而，这些焦虑情绪并不完全是负面的。如果能够妥善管理，它们可以激发创造力，促进任务的完成，并有助于建立良好的关系。

开场会受到焦虑、第一印象和不确定性的影响。在进入谈判之前，应该仔细考虑这些因素。

焦虑　一想到要参加谈判就会焦虑不安，尤其是有巨大压力的高风险谈判。对谈判性质的重视会造成自我怀疑，这会导致结果往不好的方向发展。你越是焦虑，对方就越能捕捉到你的紧张情绪，并将其视为软弱的表现。谈判者自我怀疑、不自信，会让人觉得不值得信赖，也不利于执行战略和战术。这就是为什么开场需要巧妙、平衡、扎实的准备工作（积极主动的方法，也就是第一部分中讨论的要素）和对意外因素做出反应。

开场不利　第一印象是在几秒钟内形成的，并且很难被改变。我们的大脑天生就爱走捷径。这源于我们的原始本能和个人经验，让我们能迅速确定对方是敌是友。开场是预期与现实交汇的时刻，也是检验我们在准备过程中收集到的信息是否准确的时刻。

不确定性 谈判通常以双方强势的态度开场，因为一方面，我们对目标有坚定的态度；但另一方面，实现该目标部分取决于其他参与方，他们的反应是不可预测的。谈判中的一个重大错误是以自我为中心，这往往被认为是带有评判性和挑衅性的，可能导致激烈的情绪较量，然后各方竭力为自己的立场辩护。所以，记住，在时刻紧盯目标的同时，保持开放的心态非常重要。

处理谈判没有最佳方式，战略选择应该是对各方目标以及情况进行分析的结果。在谈判开始之前，应评估以事实、权利、权力或利益开场的利弊。

事实 讨论事实而不是立场可以帮助确定谈判的范围。在某些情况下，共同梳理情况、问题，并确定潜在解决方案具有建设性意义。有时，分歧在于对事实的解释，而非事实本身。

权利 以陈述自身的权利框架来开启谈判可能是一种非常有力且具有攻击性的开场方式。这可能会引发对方的防御性回应，对权利提出相反的解释。为了避免这种情况，建议参考客观标准，如规则、法律、习惯、商业标准。

权力 以威胁或"要么接受，要么离开"的形式来确立你的权力，从而开启谈判，可能导致谈判迅速终止。你的对手可能会明白，采取威胁的手段需要消耗你的资源。

他可能会离开谈判桌，让你选择说到做到或丢面子。因此，发出警告更为妥当。具体做法是让他们想象如果你们达不成协议会发生什么事情。相比在意得到的东西，人们更厌恶损失。在大多数情况下，想象比现实更生动。

利益　通过提问并专注于了解对方的利益和潜在动机来开启谈判，几乎没有太多风险。通过策略性地分享信息，你可以逐步转向分享基于利益的提议和解决方案。但要小心不要过多分享机密信息。

锚定效应

我的一位客户是金融服务领域的自由顾问，他最近与我分享了一个有趣的故事。在正常情况下，他的日程通常提前七到八个月就已经被咨询项目占满了。他的服务对象遍布全球，因此经常需要出差。然而，当新冠疫情暴发，全球大部分地区进入封锁状态时，首先取消的是所有现场客户会议。清空日程的消息令他一开始有些恐慌，仅仅一天的时间，他就失去了至少半年的经济保障。封锁几周后，他收到了来自东欧的一个新客户的提案邀请。这个项目超出了他平常提供的咨询服务的范围，因此他不确定该如何报价。尽管如此，他仍然渴望准备一个好的提案，希望能恢复业务。我建议他安排一次跟进电话，向潜在客户了解更多细节，也许可以确定合适的开场报价。在线上会议期间，对方更详细地解释了类似项目，并随口提到其他咨询顾问的报价范围。电话结束后，我的客户立即联系我，兴奋地说："我现在知道应该给出什么报价了！"对于他如此迅速的决策，我感到惊讶，询问他是如何如此迅速地做出决定的。他回答说："其他咨询顾问就是这么报价的。"他不知不觉地陷入了锚定陷阱。

锚定效应是一种感知上的错觉，当我们依赖对方提供的信息，并将其作为我们的参考点时，就会出现这种认知偏差。这种认知偏差通常发生在谈判的开始阶段。锚定的并不一定是一个明确的数字或范围，尽管它通常是这样的。通过提及重要项目、重要活动、知名客户，甚至选择一个特定（高端）的会议场所，或通过某些上层社会特点，如豪华办公室、配饰、着装等，都可以设置期望。锚定的心理力量很强大，因为作为社会性动物，我们的教育让我们遵守秩序规则，违反这些规则可能会让人感到不舒服和格格不入。我并不是建议你采取叛逆的方式。只是，有必要谨慎行事，并仔细检查对方的锚是否与自己的一致。

正如我客户的例子所示，锚定效应取决于环境、你的态度和对方的风格。在不确定性和焦虑增加的情况下，你可能会变得更容易受影响，因为此时你受到情绪而不是理性的支配。寻求其他客观的意见是有用的，以免你陷入对方的锚定效应中。

自我评估——你能识别出所有的锚点吗

尊贵的合作伙伴：

鉴于长期以来的合作关系，我们向您发送此重要信息，为即将到来的谈判做准备。

由于动荡的经济和政治状况影响了我们的业务运作，目前我们正在通过引入新视野项目来重新调整业务。

考虑到我们的长期合作，我们请贵公司以书面形式确认，明年将不再提高产品价格。

收到您的确认后，我们将给您发出谈判会议的正式邀请。

致以最诚挚的问候！

法务部

自我评估解读

尊贵的合作伙伴——选择这样的用词会让你感觉自己处于特权地位，你可能担心如果不遵守，就会失去这种地位。

长期以来的合作关系——暗示着你们的合作有一定历史，并有继续合作的潜力。这是另一个可能引发损失规避的因素。

重要信息——提醒你关注此事的重要性。

即将到来的谈判——陈述事实，这不是一个值得讨论或质疑的事项。

由于动荡的经济和政治状况——这个锚在三个层面上起作用：

1. 从法律角度来看，这是超出对方控制范围的因素，独立于他们的意愿之外（不可抗力）；

2. 从心理角度来看，提供解释比提出简单、硬生生的要求更容易被接受；

3. 尝试唤起同情。

新视野——将你拉入他们的现实、他们的故事；用突出的文字表明重要性，在视觉上引人注意，因此更容易被牢记在脑海中。

考虑到我们的长期合作，我们请求贵公司……——隐藏的含义是，如果你不书面确认，这意味着你不珍惜这段关系。

收到您的确认后，我们将给您发出谈判会议的正式邀请——只有在确认后，你才有可能收到邀请。

法务部——这个锚在两个层面上起作用：

1. 涉及法律团队，意味着此事很严肃；

2. 部门代表去个人化的发信者，意味着不存在个人或联系人的责任。

应该如何应对锚点

在回复之前，你必须确定联系人是谁，并直接向其发送信息。请注意内容要简短，不要做出承诺，同时对对方表示出尊重。提出你的锚点。提出会议的邀请议程。可以这样写：

尊敬的［律师本人姓名］律师：

谢谢您，来信收悉！

我们希望能了解到关于您的项目的更多信息，并向您介绍我们的绿色战略 2.0 项目，我们相信这将有助于推动我们的合作关系进一步发展。

我们建议在［日期］的［时间］安排一个 30 分钟的会议，地点是［地点］，或者由您提出一个时间。

期待着我们的持续合作。

真诚地，

［签名］

［联系方式］

谁先开始

有一种谈判技巧是从不提出第一个报价，因为这可能会"暴露底牌"，可能会削弱你的谈判底气。而现实生活中的一些例子则显示，提出第一个报价可能对任务和关系都产生积极影响。

如前所述，提出第一个报价的一方可以使谈判朝着对自己有利的方向开展，从而获得重要的优势。当锚点放置得太高时，锚定效应也可能会产生负面影响，进而可能导致冷却效应或回弹效应。所谓的冷却效应是指一方对谈判失去兴趣，所谓的回弹效应是指对方提出同样"极端"的报价。为了降低这些风险，建议只有在彻底了解市场条件和其他影响对方报价的因素后才提出第一个报价。

我在谈判中往往遵循一个简单的规则：主要考虑风险和估价。如果风险不大（我通过确保有替代方案来控制风险），而且我想测试对方如何看待我作为合作伙伴的价值，我就会让他们先开口。我认为他们的报价是对我们关系的考验。我相信，在大多数情况下，双方就任务是可以达成一致的，但如果关系基础不牢固，协议就不会对双方都有利。让他们先报价，可以为今后的交易执行节省大量时间。读完本书后，你也会在战略上做好准备，以应对与任务相关的问题。因此，你应该有信心让他们先报价。

> **专家观点**
>
> 丹·斯坦纳（Dan Staner）
> 瑞士莫德纳公司副总裁兼欧洲、中东和非洲地区主管
>
> 我通常会先报价，这使我能够引导对话的方向。我的开场方式是尝试定位谈判中的关键议题，并从我们的角度出发，关注主要问题的两三个主要方面。
>
> 我不谈论解决方案，而是专注于关键议题。然后，对方可以反馈意见、验证（或不验证），表示同意或不同意。通常他们会从自己的角度为我们的主要议题补充一些要点。我试图围绕这些要点锚定讨论的基准，并找到共同点。这就是讨论的开始。

提出开场报价的效果

许多研究证实，开场报价对最终谈定的价格有很大影响。因此，开场报价是最终结果的最佳预测因素之一。研究和实践都表明，雄心勃勃的谈判者比谨慎小心的人更能取得更好的结果。如果他们在开场报价中表达出自己的雄心，就可以得到更好的结果。

影响开场报价的因素包括年龄、资历、经验、所受的培训、性别、文化（例如，来自美国的谈判者倾向于使用夸张的开场报价）、风险偏好、过去的经验、心理特征和态度（自信或缺乏自信）。

设计谈判议程

谈判议程是谈判中最具影响力的因素之一，方便管理流程和节奏，控制不同阶段的关键目标，并协调谈判团队的活动。

准备谈判议程时需要考虑的最重要的战略问题如下。

议程范围

预先确定主题（目的）以及各方同意讨论的问题清单。在非常正式的谈判中，议程本身可能就是长时间谈判的结果。当你与一个熟练的谈判者打交道时，他会努力通过添加项目、限制或扩展提议的议程范围或时间，或完全拒绝你的议程来控制议程。在这个意义上，议程管理也可以是一种策略。

如果议程没有预先确定主题（也被定义为"开放性"议程），允许最大的灵活性，则增加了出现意外需求的风险。在确定议程的开放程度时，应该考虑纳入不同的议题会产生哪些不同的影响。我的建议是采用封闭议程，因为这样可以更好地控制整个过程。

议程顺序

把要讨论的问题按重要性顺序排列起来，确定排列的顺序有不同的策略。有规则指出，较早讨论的问题更重要，通常也需要更多的时间和精力。这里有两种可能的方法：

渐强法 解决的问题难度越来越大。采用这种方法，谈判者可以尽早做出一些让步，这将加强合作伙伴关系，也将有助于在谈判更困难的问题时取得进展。

渐弱法 与渐强法将最敏感的问题放在最后讨论相反，渐弱法在一开始就处理最敏感的问题。这种方法被认为是风险较高的，因为它从解决利益冲突开始。优点是你展现出了坦诚和透明的态度。

拟定议题

对议题的呈现方式以及用来描述议题的语言可以暗示双方愿意合作，甚至表明各方的谈判权力。在谈判中创造势头非常重要，因此将某些议题联系起来，揉到一起，创建一种相互依存的关系，可以促进双方就这些议题达成共识，这也是达成可执行协议的先决条件。

以下是一些关于拟定议题的建议：

- 使用积极的动词，例如不要说"让我们不要错过这个机会"，而是说"这是我们探索的绝佳机会"。
- 使用未来和行动导向的词语。
- 不要提出太多议题，三个议题就比较合适。
- 不要让议程过长或过于详细，只说明讨论的要点（参见图11-1中的议程模板和示例议程）。

日期/时间	模式/地点	参与者	议题	谈判的关键具体目标
• 指明你的首选日期和时间 • 避开周一上午和周五下午，或午餐前的时间段（有些人可能会在这些时间段感到烦躁）	• 线上 • 电话 • 电话会议 • 如果在现场：选择你方的场地或中立的场地	• 记住谈判团队结构：谈判者+谈判导师	• 按层次结构顺序列出讨论的所有议题 • 决定采用渐强法还是渐弱法	• 外部： 你愿意花多少时间？ • 内部： 每个议题的关键具体目标是什么？ • 你将如何衡量成功？

图11-1　议程模板

议程的处理

围绕议程处理有不同的策略。一些谈判者喜欢单独讨论每个议题，而另一些人则先了解谈判的各项参数，然后对一系列问题进行打包谈判。实践表明，后一种方法能够使谈判者在谈判桌上对谈判内容胸有成竹，因此建议在涉及多个参数的高风险交易中使用。

正式程度

谈判礼节取决于各方之间的关系和谈判的类型。在某些谈判中，重要的是制定正式的框架或指南，以确保制定了共同的规则。这在国际外交或多方谈判中比较常见。

时间管理

议程不仅是构建流程的手段，还是控制时间投入的好方法。在评估谈判的价值时，必须将时间的合理利用程度、分配给每个议题的时间以及整个谈判所花费的时间，与谈判的回报相比较。谈判像任何其他业务活动一样都有具体的成本，其中最大的项目之一就是时间，因此需要合理利用。

由于建议的议题是三个，因此每个议题分配 20 分钟左右（最多 30 分钟）是合理的。当问题复杂时，时间可能会有所变化。过长的会议将事倍功半。首先，参与者很快就无法集中注意力。其次,他们开始围绕同一个话题打转。由于时间的限制,简洁的议程将使参会人员的注意力更集中。

议程模板示例

我们诚挚地邀请您参加于周二［插入日期］上午10:30举行的会议。会议将在［插入地点］举行。与会者将包括简·史密斯女士和亚当·格林先生(无须向对方披露谈判者和谈判导师的角色划分)。我们希望和您讨论以下事项:服务范围、付款条款和合同期限。我们建议会议持续至中午,之后,我们希望邀请您共进午餐。

在制定议程时需要牢记的是,在此过程中没有严格的正确或错误的方法,各方应该制定适合自己并对自己有利的议程。在谈判过程中,可以调整议程,提供更多创造价值的机会。无论采取何种方式,强烈建议在进入谈判之前各方就议程达成一致。

专家观点

阿内特·韦伯
瑞士宝齐莱集团首席财务官

在准备谈判议程之前,你需要明确你想要实现的目标、可以做出的妥协以及替代方案。如果你不是独自一人，还需要就特定人员将扮演的角色达成一致意见。一旦明确了任务和角色，谈判团队的每个人都应承担相应的角色和任务。不过，你对待议程的态度应该比较灵活，这样才能应对千变万化的谈判态势。议程的静态要素体现在任务分配与角色安排上，一旦确定，谈判团队的所有成员都须严格遵守。

　　设置议程的目的是避免措手不及，避免脱离主题。拥有预先制定的计划并了解你的替代方案是有助于情绪稳定的重要因素。保持冷静并意识到自己的触发点至关重要，而这需要大量的自我反省和自我控制。人们需要了解自己的角色不仅与个人喜好相关，也是谈判过程中战略布局的一部分。通常，谈判具有更高的目的，不仅仅关乎谈判者及其利益。

要点总结

1. 开场是确立你的立场、与对方建立融洽关系并主导进程的关键时刻。
2. 要意识到锚定效应可能会影响你的感知。
3. 你可以设定一个锚点，并用它来提高你的提议的吸引力。

4. 在决定是否先报价时,采用以下方法:如果对你来说风险相对较低,并且想要测试对方如何评价你,就让对方先报价。
5. 要成为设计、提议和管理议程的人。

延伸阅读

1 Carnevale, P.J. (2019) Strategic time in negotiation. *Current Opinion in Psychology* 26, 106–112.
2 Lytle, A.L., Brett, J.M. and Shapiro, D.L. (1999) *The Strategic Use of Interests, Rights, and Power to Resolve Disputes*. Plenum Publishing Corporation.
3 Patton, C. and Balakrishnan, P.V. (Sundar) (2012) *Negotiating When Outnumbered: Agenda Strategies for Bargaining with Buying Teams*. Elsevier B.V.
4 Pendergast, W.R. (1990) Managing the negotiation agenda. *Negotiation Journal* 6, 135–145.
5 Pon Staff (2021) Negotiation Techniques: The First Offer Dilemma in Negotiations. 25 January 2021.
6 Pon Staff (2019) The Anchoring Effect and How It Can Impact Your Negotiation. 26 November 2019. Shonk, K. (2021) Negotiation Advice: When to Make the First Offer in Negotiation. Harvard Law School. 30 March 2021.
7 Van Poucke, D. and Buelens, M. (2002) *Predicting the Outcome of a Two-party Price Negotiation: Contribution of Reservation Price, Aspiration Price and Opening Offer*. Elsevier Science B.V.
8 Wheeler, M. (2014) *Anxious Moments: Openings in Negotiations*. Blackwell Publishing.
9 Wu, H.D. and Colman, R. (2009) Advancing agenda-setting theory: the comparative strength and new contingent conditions of the two levels of agenda-setting effects. *J&MC Quarterly* 86 (4) Winter.

第十二章
成功应对谈判交锋阶段

不仅要瞄准目标,而且要竭尽全力拉弓。
——亨利·戴维·梭罗(Henry David Thoreau)

> **本章概要**
> - 如何准备要求并按优先级排序
> - 如何提出要求,如何选择合适的措辞
> - 当收到对方的反向要求时如何反应
> - 对谈判交锋阶段最常见问题的解答

问题的核心

要求是你在谈判中提出的具体请求。这些请求构成了谈判的主要内容,并成为谈判中的筹码。在明确要求时,

需要回顾你的谈判使命以及你的战略目标、具体目标和目的。对于一些谈判者来说，"要求"一词可能显得过于强硬、咄咄逼人，或是有些苛求。如果你对这个词语不太满意，可以使用其他的词替代：请求、需求或期望。为了与高效谈判的主题保持一致，我使用"要求"这个名词。

谈判交锋阶段是谈判过程的核心。在这个阶段，谈判者交换他们的要求，以便达到目的。明确提出一些要求可能会导致氛围紧张。交锋是最具实操性的部分，因为它主要关注完成任务。谈判者经常犯的一个错误是他们仅将视野局限在任务上。因此，一些从业者急于结束交锋。以下是一些常见的问题。

- 如何在不强硬、不那么直接、不显得严厉或咄咄逼人的情况下得到我想要的东西。
- 发现对方隐藏的动机。
- 外部层面上的战略目标不一致。
- 当对方不透露底牌时，了解他们的战略目标。

可以看出，焦点主要集中在技术层面，并且往往是片面的。然而，在表面之下隐藏着另一等级的议程，这导致双方谈判者的战略目标不一致。

为了克服谈判交锋阶段处理不当所引发的内部焦虑以

及对合作关系的潜在威胁，建议确保双方对谈判过程有共同的理解。如果双方都承认谈判交锋阶段就是交换要求，那么提出要求就不会再被视为强硬的或苛刻的。认识到这个过程需要相互让步和妥协，是营造更具合作性的气氛的前提条件。

交换要求

不熟练的谈判者往往把交锋简化为单方面表达要求。相反，它应该是达成协议自然而然的一步，甚至可以让它变得有趣和富有创意。我更喜欢把这个阶段比作你们共同带来食材，并做出美食的过程。这个比喻让我想起了在法国南部靠奖学金度日的时光。当时每月的补助相当有限。但你拥有的越少，你就越能创新，特别是在寻找满足基本需求的方法方面。我们每天的烹饪仪式是在食堂见面，每个学生都会带来他们冰箱里恰好有的几种食材。然后我们会把它们摆在桌子上，想想今晚我们能做些什么。惊讶的是，我们总是能做出美味的食物，度过难忘的时光。

要求的等级结构

在本书的前一部分，我们将谈判的局面比作一个画框。

边界由你想要实现的最高目标和最低目标限定，如图12-1所示。要求构成了所谓的谈判主体，或者如果我们用蛋糕来比喻，那要求就是你用来做蛋糕的面团。成功谈判的秘诀在于建立一套要求的等级结构。有些要求较为重要，而有些则没那么重要。

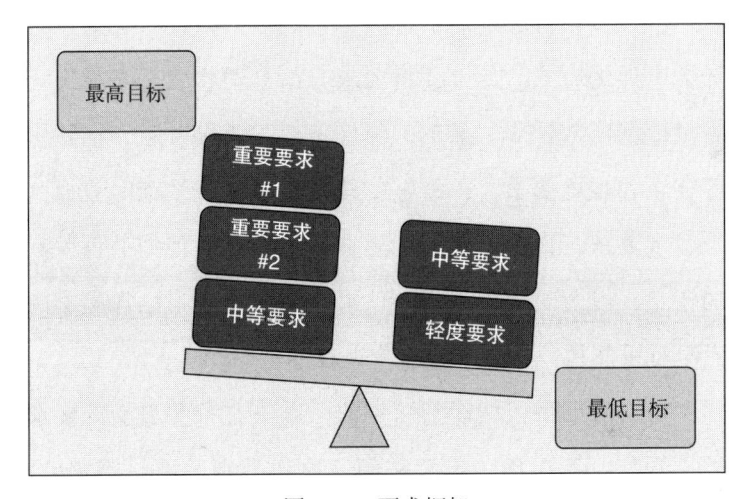

图12-1 要求框架

你需要准备四种类型的要求。

1. 重要要求——**必须**达成一致意见的事项（不可或缺的内容，是达成目标的关键）。

2. 中等要求——**应该**达成一致意见的事项。

3. 轻度要求——**可以**达成一致意见的事项（用于让步的项目）。

4. 免谈要求——例如你的谈判文化、个人和企业标准、价值观和信仰体系、整体谈判任务，简言之，对于那些没有货币价值，但建立了企业的信誉和你的个人品牌的无形资产，则是不能让步的。

建立等级结构是一种战略控制工具。它将使你能够查看自己在实现理想战略目标方面的进展。因此，它是一种评估进展的方式。此外，将要求分组分类将有助于你决定可以做出哪些让步。显然，你应该抓住重要要求，牺牲中等要求和轻度要求。一个好的建议是在谈判结束时放弃一个轻度要求，作为对对方的感谢，目的是给他们一种胜利的错觉，以及对他们努力的认可。那些觉得自己像赢家的人更有可能执行交易条款并珍视双方关系。

要求清单将根据谈判而变化。以下是一些典型的要求类别示例，可以作为灵感来源。这些类别并不是固定的，而是需要根据交易的最高和最低的具体目标进行修改和调整。

示例：付款条件、交易期限、最低订购量（MOQ）、法律选择、特定条款和条件、违约处罚、风险分担、角色和责任分工、交易后保障、销售额、质量标准等。

如何介绍要求

在表达要求时要格外小心。我记得在一次双语谈判中发生的趣事。参与谈判的一方说英语,另一方说法语,谈判涉及在巴黎建立伦敦公司的姊妹公司。会议在巴黎举行,进入谈判交锋阶段之前,谈判一直很顺利。让我感到惊讶的是,在会议进行到一半时,其中一位英国合伙人突然站起来,向法国团队道谢,然后离开了房间。会议也因此暂停,进入了茶歇时间。这位离开的英国合伙人就在会议室外的走廊里,当被问及为何会有此举动时,他回答说,他再也无法忍受那些傲慢的法国人了。

此次讨论的主持人两种语言都会。然而,多语能力现在却成了一种障碍,因为他们在逐字翻译时忽略了不同语言之间的细微差异。英国人意识到法国团队频繁使用"demander"。其实,在法语中,这个动词表示"请求"(实际是中性词,并无傲慢之义),但是若将其直译成英文中的"要求",就像说"我要求休息""我要求喝咖啡和牛角面包""我要求知道议程是什么",这些表达在英文语境中确实会显得态度很强硬。当法语里中性的"demander"被直接翻译成英文,和真正的要求混在一起时,就导致了沟通上的误解和冲突,问题就比较棘手了。为了避免这种情况,

表 12-1 列出了一些"要做的事"和"不要做的事"。

表 12-1　要做的事和不要做的事

要做的事	不要做的事
• 我们需要 • 我们期待 • 我们认为有必要——表达断言性的观点 • 我们需要采取以下步骤 • 以下是我们达成协议的要点	• 动词词义变化太多。如果在词义上变化太多，对方可能会过度解读。这样做的风险是，当你向对方表达一个没么重要的要求却要求获得更高价值的回报时，由于价值不平衡，他们可能会对交易产生抵触 • 我们允许——你没有权力允许或禁止，双方应该感觉彼此处于同一地位 • 请求许可——你并非处于顺从的位置 • 稍后讨论——要求不是用来讨论和商量的，而是具体明确的 • 这是必要的——客观的观点
• 支付条款将是——不讨论，以事实陈述的形式进行	• 我们只是想要请求——避免使用诸如"只是""只有""一点点"等弱化观点的词 • 这对我们来说真的很重要——不要过分强调重要性或显示己方要求更重要 • 我们真的很想要，我们真的需要——去掉"真的" • 任何含糊和模糊的表达 • 任何在提出要求时表明己方愿意讨论和商量的表达
• 这是我们的要求和主张清单+列出内容。例如，我想建一座房子，需要以下事物： • 1 吨砖 • 2 吨木材 • 1 年的施工时间 • 2 位可靠的建筑师 • 2 个施工队，等等	• 我认为这将是公平的——主观，尽量避免涉及公平概念 • 不运用任何视觉信息——任何书面的和眼睛看得到的东西都会比转瞬即逝的口头信息更容易被记住 • 通过共享你的屏幕展示要求清单。这可以转移注意力，让你感觉更舒适，因为你不会成为人们视线的焦点

（续）

要做的事	不要做的事
• "我们需要"与"我们想要"——文化决定了使用哪种形式。美国人可能更喜欢前者，英国人可能更喜欢后者 • 要自信，但不要傲慢 • 保持友好和开放的姿态 • 保持清晰、精准、直截了当 • 控制你的声音——包括语气、音高、语速、语调和呼吸模式 • 注意你无意识的非言语行为，如触摸下巴、整理头发及任何其他可能表明紧张或不安的举动	• 建议或提议——你不是在建议，而是在某些方面提出要求 • 这会很好，很不错——只是表达了一种愿望，需要更具体 • 过度向对方吹嘘好处——你在谈判，而不是推销 • 置自己于顺从的地位 • 提供过多理由和论据来解释为什么提出这些要求（过度论证）——会让对方质疑你的动机或是否真的应得你所要求的内容 • 如果你能给我们……将会有帮助——不要指望对方做慈善，直接提出要求 • 你可能感兴趣——让他们自己判断 • 我想强调这个话题——这像是引导讨论，而不是直接提出要求 • 如果有可能的话，那将是很棒的——太理想主义 • 你有什么问题吗？或你觉得怎么样？或你对此感到满意吗？——这会立即引发对方提出反对意见，存在打开潘多拉魔盒的风险。相反，你可以感谢他们的关注，等待他们提出反向要求

收到反向要求时的应对方式

1. 感谢谈判伙伴分享他们的观点。避免使用"要求"这个词，以免强化对方的提议。

2. 避免提出"这是你的（最终）立场吗？"这种问题。这个问题的唯一答案是"是"，会导致对方为了保全面子而坚持他们的立场。

3. 不要重复他们的具体要求，尤其要避免提到具体数字，如折扣金额或薪资数额。重复这些数字会使其显得更合理。

4. 检查这些要求与整体谈判目标的关系。许多谈判者会在激烈的交锋中忘记自己最初的目标。

5. 仔细核对数据，评估对方的要求对你目标的影响——它会让你更接近期望的（最高）目标，还是更接近最低目标？

6. 考虑要求清单是否与你的目标一致。

7. 在做出回应或承诺之前花些时间思考，至少需要喝一杯咖啡的时间，最好是睡一觉（一夜的冷静期）。

8. 要明白，不做承诺包括确保你和你的团队不会通过副语言（回应方式）或非语言暗示（肢体语言）传达过多的信息。

谈判交锋阶段最常见的问题

很多商业专业人士在进入谈判交锋阶段时会遇到类似的挑战。以下是其他谈判者通常会提出的典型问题，以及每个问题的答案和对背后逻辑的解释。

谁应该先提出要求呢？

你。前提是从一开始，你就将自己置于谈判主导者的位置。你发起了整个流程的设计，让对方觉得他们是其中的一部分；你发送了议程，营造了恰当的氛围，并让他们产生了拥有自主权和选择权的错觉。一旦这些都完成了，你的谈判伙伴在潜意识里已经处于跟随者模式。因此，在谈判交锋时，他们会认为你继续发挥主导作用是理所当然的。

应该公开自己的要求等级吗？

不。要求的提出本质上是一种交换。你不仅在交换有形资产，还在交换无形资产，其中最重要的是价值。价值严格来说就是主观的，因此双方对于什么是有价值的，以及什么是无价值的，会有不同的理解。你需要让你所放弃的一切（作为交换）都显得有价值，否则，你的放弃会被视为理所当然的。如果你透露了价值层次，那么你就会使该价值失去吸引力。

应该从哪些要求开始？

在这方面，你有两种选择。有点类似于与开场报价有关的渐强法和渐弱法，你可以先从轻度要求开始，然后再转向更重要的要求，或者先提出重要要求。第一种策略的优势在于，你可以让谈判伙伴逐渐适应更高的要求。从重要要求开始则体现了透明度和时间效率，对方从一开始就知道你的要求是什么。我的建议是，只有当你与对方建立了牢固的信任关系，并且在谈判过程上达成了共识，能够减轻意外因素的影响时，才可以采用后一种方法。否则，他们可能会感到受到了威胁或被逼入绝境。

让步和妥协是一样的吗？

不。让步是你让出一项利益以换取对你更有价值的另一项利益的行为，而妥协是一种有得有失的策略。

应该准备多少项要求？

平均数量不应少于十项。这将帮你建立要求的重要性序列，并为做出让步提供足够的空间。这个数量可能会根据交易的复杂程度而增加。

实用技巧：在准备阶段，将要求的数量翻倍。也就是说，提前准备的要求数量应是你最终向对方提出的两倍。然后，在会议前，将其删减一半。许多谈判者都在制定要求清单并以自信的方式提出它们时遇到困难，删减的技巧将帮助你应对这两个挑战。首先，你会发现自己可以想到足够多的要求。其次，清单上的要求数量减少会让你感觉自己几乎什么都没要，让你有信心不再继续退让。与其和对方进行"削减式谈判"，不如先与自己进行谈判。

重要要求、中等要求、轻度要求的百分比分别应该是多少？

假设你准备了至少十项要求，那么大约应该有两三项重要要求和两项轻度要求，而其余的则是中等要求。

应该逐项提出要求还是一次性全部提出？

完整呈现自己的要求清单，然后倾听对方的要求清单是首选的方式。如果逐项提出，那么你就有可能陷入讨论某项单独要求的困境。这会增加出现隧道视觉，即聚焦过度的风险。**一次性提出全部要求**可以让你在开始谈判之前全面了解所有要求。

是否应该直观地展示这些要求？

你的要求清单应该公开展示，并尽可能长时间地让对方查看。在线上会议中，你可以使用屏幕共享选项，呈现你的要求清单，然后安排讨论或喝咖啡的时间，并将屏幕保持共享模式。在现场会议中，你可以把它们写在翻页展示板上，放在对方一直能看到的位置。或者，你可以使用白板，前提是它不是经常使用的，并且上面的内容不会被迅速擦掉。

不要写下对方的具体要求，以免被他们牵着鼻子走。

我和我的团队应该准备谁的要求——我们的还是他们的？

这是服务提供商经常提出的问题。他们过于以客户为导向，以至于常常在服务他人的过程中忽略了自己的目标。这种心态延伸到了谈判的方法中。谈判交锋阶段是**你提出**

你的要求的时候，对方也肯定会做同样的事情。这时你应该专注于任务而不是关系。你们如果以协议的形式为谈判过程建立了坚实的基础，就不会对人际互动产生负面影响。其实恰恰相反，人们会敬佩那些了解自己的价值并且知道如何根据需要提出要求的人。

应该由谁提出这些要求？

负责谈判的谈判者，即发言谈判者。这个人需要自信而坚定，但不能傲慢。

你所看到的和你所没有看到的

许多资料认为在谈判交锋阶段仅限于交换要求。这种观点未能考虑到更广泛的背景，特别是要求背后的原因。在战略层面上，这些要求是达成目标的手段。在更深层次上，目标的提出都是有原因的。这些潜在因素被称为利益或动机。你可以将其想象成一座冰山，要求是你在水面以上所看到的东西，立场（对方表示出来的他们想要的东西）通过要求表达出来。而在可见线以下的是他们想要某物的原因——利益和隐藏的动机。通常，利益反映了根本问题，而谈判要面对的基本挑战是双方的要求、关注点、追求和恐惧之间的冲突。图 12-2 展现了冰山法则。

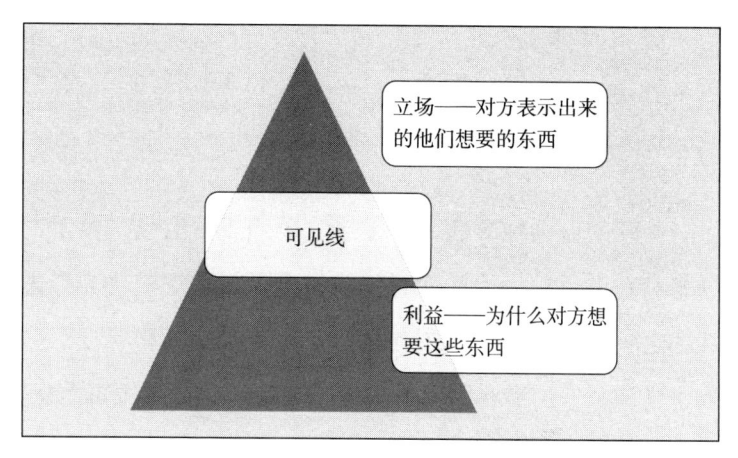

图 12-2　立场和利益：冰山法则

如何识别利益？

- 提出"为什么？"——设身处地地站在对方的角度思考，试着从他们的角度看待情况，从他们的角度看哪些论点支持这场交易。
- 提出"为什么不？"并考虑他们的替代方案。
- 意识到双方都有许多不同层次的利益，其中一些可能是相互冲突的，例如委托－代理困境等道德困境。
- 确定最强烈的要求——人类的基本要求：
  ○ 安全和保障。
  ○ 经济福利。

- 归属感。
- 被认可。
- 掌控感。

谈判的原则性方法是专注于利益而不是立场。由于立场是利益的反映，因此两者不应被分开，也不应优先考虑其中之一，只专注于动机而排除立场可能会适得其反。区分立场和利益的潜在原因是拘泥于老套的动机与认知之分。许多研究已经证实，冲突可能与认知差异有关，而不仅仅是利益冲突。认知与动机之间的关系一直是心理学中一个有争议的问题，似乎有理由认为，动机并不能完全归结为认知。不同的当事人有相反的动机，这可能导致冲突。然而，同样可以说，冲突可能是不同的世界观（认知）导致的。在这种情况下，很难区分利益和立场，因为两者是密不可分的。人们的身份和利益与他们在所面对的问题上所持的立场紧密相关。利益和立场始终可以区分开，是因为人们认为人类行为总是可以通过驱动力或本能来解释，但事实并非如此。

在许多情况下，关注利益而非立场的提法可能是一种有益的提醒，有助于努力寻找冲突的根本原因。然而，这种方法有时很难应用，因为它往往过度简化或掩盖了冲突的真实动态。它还可能带有对一方的偏见，认为一方是否团结取决于是否有统一的立场。了解一方利益的真正价值在于寻找背后的动机和客观利益。与其强调立场和利益之间的区别，不如提醒谈判者关注隐藏在诉求背后的根本问题。你的职责是揭示"是什么"背后的"为什么"，从而了解如何以最佳方式交换要求。

> **专家观点**
>
> 亚历山大·科斯特茨
> 美国克莱尔公司创始人兼首席运营官
>
> 　　谈判者行为背后的动机实际上是谈判中可以利用的东西，你的目标是尽可能多地获取信息。我认为识别利益可以分为两个阶段，即前期准备和实际谈判阶段。
> 　　我从不在没有准备的情况下处理重要的谈判。这包括以下步骤。
> 　　1. 我与对方的客户交谈，了解在谈判中最难达成的要点是什么，以及存在哪些瓶颈。
> 　　2. 我总是根据合同的价值建立相应的数据模型，并进行敏感性分析，以规避风险。
> 　　3. 我先在类似但不太理想的合作伙伴身上测试我

的谈判策略，然后再将策略用在我正在谈判的目标合作伙伴身上。更重要的是，我总是在多种替代方案之间进行谈判！

在谈判阶段，我会与对方进行开放式对话，了解他们对交易的看法（期限、可变性、长期策略等）。我总是以与对方有关的对话开始，给他们更多时间来从不同视角看待问题，而不立即做出肯定或否定的回答。与此同时，我通常会与其他潜在客户进行10～15次讨论，看看反复出现的问题是什么，试探他们的底线，并寻找契合点。

要点总结

1. 在提出要求之前先就流程达成一致。
2. 先呈现你的要求，然后倾听对方的要求。
3. 准备不同等级的要求，并将其分为重要要求、中等要求和轻度要求。不要遗漏免谈要求。
4. 注意措辞，谨慎表达你的要求。
5. 发现隐藏在要求背后的利益。

延伸阅读

1. Brehmer, B. and Hammond, K.R. (1977) Cognitive factors in interpersonal conflict. *Negotiations: Social-psychological Perspectives* (edited by D. Druckman). Beverly Hills: Sage.
2. Loewenstein, J. and Howell, T. (2010) Understanding and using what we want: interests and exploitation in negotiations. 23rd Annual International Association of Conflict Management.
3. Pfeffer, J. (1992) *Managing with Power: Politics and Influence in Organizations*. Boston: Harvard Business School Press.
4. Provis, C. (1996) Interests vs. positions: a critique of the distinction. *Negotiation Journal* October 1996.
5. Senger, J.M. (2002) *Tales of the Bazaar: Interest-Based Negotiation Across Cultures*. Plenum Publishing Corporation.
6. Shell, G.R. (2010) The morality of bargaining: identity versus interests in negotiations with evil. *Negotiation Journal* 26 (4), 453–481.

第十三章

成　　交

真爱无坦途。

——威廉·莎士比亚《仲夏夜之梦》

□ **本章概要**
- 知晓何时适宜成交以及何时不宜成交
- 成交的技巧
- 成交阶段可能遇到的主要挑战

成交 vs 不成交

与一些商业专业人士的看法相反，协议签署后，谈判并没有结束。只有在谈判条款能够得到有效执行，并且双方有可能建立长期稳定的业务关系时,谈判才算真正结束。许多交易撮合者将成交等同于在协议上签名,然而,签署协议和完成手续并不足以保证双方会真正按照协议内容去执行;尤其是在某些文化中,这种"签字即成交"的观念可能不值一提。而真正的价值创造者,则是那些能够兼顾任务执行层面和关系建立层面的谈判者,他们通过在这两个层面上的运作,识别并抓住尚未开发的商机。他们知道,有效的协议需要统合完成任务和巩固长期关系。

走到这一步,你已经具备成为一个真正的价值创造者的能力——你不仅仅是一位能够促成交易的谈判者,更重要的是,你还能确保协议条款得到有效的执行。你知道如何定义使命宣言、设定目标、确定目的、收集必要的信息、选择最佳方案、营造合适的环境、发挥领导作用、开启并执行谈判,同时从任务和关系这两个维度为整个谈判过程增值。

谈判结束有两种可能的结果:达成协议和未达成协议。两者都是有效的。值得指出的是,未达成协议并不等同于双方意见不合,而是意味着在当前这一特定时间点,基于谈判双方已经交换的要求和共享的信息,达成交易并不划算。

那么,为什么会有这么多不合理且无法执行的交易呢？也许丹尼尔·卡尼曼与阿莫斯·特沃斯基共同阐述的前景理论可以解释这一点。根据这两位研究人员的说法，人们更倾向于规避损失，而不是追求收益，此即"损失厌恶"现象。意识到"损失厌恶"这种心理现象的存在，你可以将其作为一个筛选机制来审视自己的决策，以防下次因为在谈判中已经投入了大量时间、精力和资源，害怕因没有结果而产生损失，便仓促达成交易，最后导致交易没有充分讨论并无法有效贯彻。

评估何时适宜成交的四种方法

1. 当你已经达成或超出谈判目标和目的，并实现你的具体目标时。

如何评估：

- 回顾你最初的战略目标和目的。评估你是否能够清晰且肯定地回答"为何谈判？"这一问题。
- 检查一下你的财务数据，它们是你想通过谈判达成的具体目标的组成部分。你需要确认这些数据是否落在你为此次谈判设定的最大值和最小值之内。

2. 当协议优于现状（协议达成前的整体条件）时。
如何评估：

- 衡量一个协议是否更优时，可以看它是否加强了双方关系。例如，是否有建立长期合作伙伴关系的潜力，未来是否有可能开展更多的业务合作？你能否相信对方会履行谈判条款？你是否愿意与对方签订协议？如果你对以上任何一个问题的回答是"否"，那么请重新考虑是否要成交。

- 这笔交易会开什么样的先河？任何协议都会基于过去的表现，形成对未来情况的特定预期（在心理学中，这被称为"知觉定势"）。例如，如果你在谈判中多次妥协，那么对方就会期望在以后的谈判中你仍会如此。

- 这笔交易会催生何种谈判文化？你做什么样的事，就会成为什么样的人。尽管不讨论道德问题有其可取之处，但你可能需要考虑是否可以为了达到目的不择手段。如果你需要在免谈要求（无论是有形的，还是无形的）上让步，那么最好不要成交。

3. 当谈判回报率为正时。

如何评估：

- 统计你为这笔交易投入的时间和资源，并将结果与预期回报进行比较。收益是否超过成本？
- 为了粗略估算团队在谈判中投入了多少时间（可视为"机会成本"或"沉没成本"），可以进行以下操作：下次开始谈判时，打开一个 Excel 表，在文件中记录下你为谈判投入的所有时间（包括内部和外部讨论的时间）并让参与谈判的每个团队成员都记录他们投入的时间。到了周末，统计所有时间并乘以平均时薪，你会对计算得出的结果感到惊讶。

4. 在你冷静思考之后。

如何评估：

- 谈判结束后，不要立即承诺成交。先冷静一段时间，至少冷静一晚。
- 等到了第二天早上，再看这笔交易是否仍然诱人。如果是的话，那就继续签署协议。

在理想情况下，以上四个要点都得到满足才可以达成交易。然而，有时你可能无法达成你的具体目标（第一点）或者实现谈判回报率为正（第三点），但这笔交易可能通过构建一种新的、有前景的合作伙伴关系或建立良好的谈判信誉，让你在未来获益。在这种情况下，你可以暂时在财务方面做出让步。但是，第四点是不可妥协的，在做出任何具有约束力的决定之前，一定要先冷静下来，好好考虑一下。

什么情况下最好不要成交

一些作者建议，只要有一丝获得价值的机会，你都应该进行谈判，哪怕是与你的敌人。不过，我不赞同这一观点，也不认可"任何事情都可以谈判"的说法——有些事情不可谈判。此外，并非所有人都能合作，也不是在所有情况下都适合谈判。

首先，你应该比较预期成本和收益，看看成交是否有意义。进行成本收益分析后，如果务实主义和自我意识僵持不下，难以抉择，那么你应该选择务实。代表他人做决定时，请确保不要让自己的道德直觉或个人利益凌驾于对交易的务实评估之上。

在成交之前评估替代方案时，征询多方意见是值得的。

这样做可以让你抵制诱惑，避免仅凭自己的主观感知、偏见、直觉判断和情感签订协议。

成交的技巧

一旦评估认为有必要达成交易，接下来要做的就是确保收尾过程不会毁掉你在谈判阶段所做的一切努力。当然，你应该避免沾沾自喜，相反，你要淡化自己的胜利并给对方留下这样一种印象：他们与你达成的交易很棒（比他们的现状更好）。以下是一些能帮助你有礼有节、高效达成协议的技巧。

1. 坚持立场

- 如果你做好了准备，正确评估了情况，并且觉得你提出的交易将为双方带来价值，那就努力促成交易吧。

2. 让对方表达意见

- 给予对方表达意见和期望的空间。让对方充分表达，你可能会发现执行交易的潜在障碍。

3. 不要施加压力

- 在谈判结束阶段，对方可能会开始犹豫不决。

这种反应很正常。不要催促他们成交，否则他们可能会产生怀疑或防守心理。你应该以一种温和、不施压的方式提醒对方，交易能给他们带来价值。
- 不要设定紧迫的截止日期，因为这可能会对双方关系产生负面影响。相反，你可以向对方表明，如果他们犹豫太久，可能会错失某些机会，从而营造一种紧迫感。

4. 展示可信度

- 为了使交易更加现实可行，你可以援引过去的案例，帮助对方了解你的工作模式以及哪些方面对你来说是有效的，哪些是无效的。提及你的过往谈判案例，向对方表明你有经验，是一个可信的合作伙伴。

5. 降低风险

- 尽可能使交易简单易行，并消除对方可能面临的任何负面风险。

6. 就谈判结果达成一致

- 在谈判结束阶段，切勿单方面地总结谈判结果。

相反，应确保在谈判结束时，双方就谈判结果达成一致意见。在这一过程中，可能会出现一些悬而未决的问题。你应该预想到，在达成交易之前，双方可能需要进行再次谈判，以便处理所有尚未解决的问题。

7. 为对方搭建一座金色桥梁

- 为了使谈判结果能够得到执行，你必须获得对方的支持。实现这一点需满足两个条件：对方必须对整个谈判过程（和最终结果）感到满意；同时，他们必须自我感觉良好。因此，应避免让对方丢面子，要让他们感觉自己是赢家，自愿达成协议。

8. 学会放手

- 尽管这听起来可能有些不合常规，但如果在完成交易时，你仍然觉得对方在追求单方面的利益，而不是达成互惠的协议，那么，请不用害怕，礼貌地提出中止交易。

专家观点

丹尼尔·舍恩费尔德博士
巴斯夫公司电池材料欧洲业务部副总裁

回过头看,我们主要是为了达成交易而谈判,还是想通过谈判确保交易最终能够得以执行?谈判的出发点会直接影响我们在谈判过程中关注的利益点。这方面的考量会改变我们对整个谈判过程的看法。接下来,我将采用"可执行性"这一因素作为评估指标,来判断我当前谈判中的交易在最终执行时是否会是最佳选择。"这笔交易在现实环境中能得到有效执行吗?"这一问题非常有用,应该予以考虑。否则,双方为了达成交易,可能会做出一些让步,而忽视交易的实际可执行性。如果从执行层面看待结果,你的谈判立场和策略可能会有所改变。最终,你可能会发现,各种因素和各种让步可能并不那么有利于交易的执行。

如果没有考虑交易的后续执行情况,那么在谈判过程中,你就可能会过度复杂化某些条款,从而可能妨碍交易的落实。因此,评估交易的可行性和执行难易度至关重要。谈判达成的最终结果应该是有意义且合理的。此外,考虑实际执行结果可以让我们在谈判过

> 程中更好地避免被自我意识和权力斗争所左右。要实现这一点，诀窍是在谈判和交易执行之间找到一个适当的平衡点。若是过分追求交易的成功（即达成一个看似完美的交易结果），我们可能会忽视这笔交易的实际执行效果。因此，在谈判时，我们要谨慎权衡交易的达成和执行两个层面，不能顾此失彼。

谈判结束阶段面临的主要挑战

谈判结束阶段需要特别小心处理。看到胜利在望，对胜利的憧憬可能会使一些谈判者对最后几轮可能出现的问题视而不见。以下是你需要注意的典型障碍：

1. 重要要求：对方可能在整个谈判过程中一直提出轻度要求，然后决定在最后阶段提出重要要求。这样就有可能导致你脱离原先的谈判框架（即由最高的具体目标和最低的具体目标限定的范围），进而无法达到你的目的。

应对方法：让对方知道，在最后阶段提出可能破坏整个谈判进程的重要要求，无异于给谈判进程按下了重启键。这并非对既有条款进行重新谈判，而是一次全新的谈判——一旦你重新调整了谈判目的和具体目标，你也将提出新的要求。

2. 新角色的出现： 谈判中任何新角色的出现，都将不可避免地改变现有各方之间的力量格局。这位新入局者可能是一个技能娴熟的专业人士，也可能是一个地位不同的谈判者（通常为了增强影响力，此人级别较高），或者是一个性别、年龄或经验不同的人。所有这些因素都会影响双方的现有关系。

应对方法：在谈判开始时，务必小心谨慎地评估谁有权进行谈判，以及成交时是否需要其他方在场。双方应就谈判安排达成书面共识。一个常见的陷阱是，与没有签约权的人（错误方）进行谈判。

3. 强硬手段： 你的谈判对手可能知道你急于促成这笔交易。因此，他们可能会使用强势手段、施加压力、设定截止日期、威胁或采用其他操纵手段。

应对方法：立即表明，你不接受任何威胁。清晰界定你的谈判底线，明确哪些是可以接受的，哪些是绝对不能接受的，不要屈服。在这种环境下，不能同意妥协。

4. 交流中断： 也称为"失联"，到了结束阶段，对方突然沉默了。

应对方法：在谈判开始时就要明确如何处理沉默期。例如，可事先商定，如果在一定时间内没有得到回复，就相当于默许。若一开始未进行此类约定，那么你可以跟进，但仅限一次。表示你的关心但不要过度关心。尽管这听起来可能有些极端，但你始终可以选择退出。你应该认真考虑，一个失联的人在交易的执行上是否值得信任。有时候，与其投入更多无谓的财力，不如选择离开。

5. 时机不合适：你谈成了一笔大生意，但可能这生意来得不是时候。遭遇不可抗力（在谈判周期中你无法直接控制的事件），不必强求。虽然你应该战略性地规划和执行谈判过程，但也要留有余地，以灵活应对未知因素。让事情顺其自然，即使这意味着不能在你计划的时间内完成交易。

应对方法：为自己和谈判伙伴保留重启谈判的机会。鉴于现状，你决定暂不交易，但仍然留了一扇门，以备未来势头更好时重新谈判。

6. 未主动提出成交：如果他们在成交阶段还想继续谈判，这意味着他们仍然有兴趣。可以通过一个问题简单地测试一下：他们是否仍在与你沟通？

应对方法：不要害怕要求成交，即使只是为了看看你们是否已接近达成交易。

7. 交易方案不兼容或双方分歧不可调和：可执行且持久的交易需兼顾任务导向与关系导向两方面。如果追求交易的持久性，你需要确保在达成协议时，这两个方面都能得到保障。

应对方法：我们在本章前面讨论过**评估何时适宜成交的四种方法**，请回顾一下那部分内容。不要仅仅为了完成谈判流程而达成交易。

> **专家观点**
>
> 肖恩·怀特利
> Mitto 公司美国销售部副总裁
>
> 　　主要的挑战在于，人们往往误以为自己的价值与谈判伙伴的期望相契合。参与高风险交易的销售人员和谈判者往往会出现我们称之为"幸福的耳朵"（happy ears）的心理现象，这基本上意味着他们只听自己想听的。例如，在初次沟通电话中，他们只关注积极的购买信号。然而，如果你没有确定对方是否有诚意，仅凭一次愉快的通话或初步讨论并不能保证最终达成交易。因此，主要问题是，避免过度乐观，特别是在谈判结束阶段，你必须现实一些。你需要问自己一个问题：你的谈判伙伴是否真的很满意，愿意推动交易，还是说，只是因为你的片面看法才让你产生了这样的感觉？正确解读局势、保持客观并跳出自己的理解范式，

> 这绝非易事。
>
> 在战略层面，你或许会在关键时刻派遣另一名谈判者加入战局，但这可能会使交易泡汤。这可能是一种策略性的安排，也可能只是事态的自然发展所致，例如采购团队发生变动，新决策者不批准这笔交易。无论是哪种情况，这都可能会重新启动谈判过程。此外，在谈判结束阶段，还可能会出现破坏交易的事项。虽然这可能会拖延谈判进程，但谈判者必须确保双方合作继续向前推进。

成交的心理副作用

成功结束谈判会让你信心大增。但反过来，这也可能对你的下一笔交易产生负面影响。谈判后的情绪会有溢出效应。尽管我们希望在下一次谈判中把这些情绪放在一边，保持理性，但完全摒弃这些情绪非常困难。对于那些连续进行谈判的专业人士来说，这种情绪可能对他们的自我意识产生重大影响。谈判者不应骄傲和过度自信。实验表明，那些在前一场谈判中成功的人在后续谈判中往往表现不佳（通常是男性谈判者），反之亦然。因此，为减轻自信心膨胀带来的风险，建议谈判者在连续的谈判之间适当休息，剖析情绪产生的根源，并努力保持谦逊的心态。

对于那些沉迷于胜利喜悦的谈判者而言，他们可能会无法放弃任何一个达成交易的机会，即使摆在面前的是次优交易也会选择接受，为此他们感觉很痛苦——学会放弃是一项宝贵的技能。然而，谈判者有时难以将放弃视为一个合理的选择。因为他们已经在谈判过程中投入了时间和精力，他们会选择继续谈判，而为了达成交易，他们会接受次优方案。殊不知，这样的行为在不知不觉中为未来的失败埋下了伏笔。在不利的局面中徘徊不前，会形成知觉定势——当人们根据过去的经验来解释未来的情况，并采取与以往相似的行动时，就会出现这种现象。如果你过去总是妥协，未来你可能会延续这种行为。为了避免这种情况，你有权利拒绝次优交易。这样一来，你或许才有可能成为真正的赢家。

要点总结

1. 当商定的条款能够执行下去，并且双方有可能建立持久的业务关系时，谈判才算结束。
2. 达成协议和未达成协议，都是结束谈判的有效方式。
3. 比较预期成本和收益，以确定是否有必要结束谈判。

4. 在进行成本收益分析后，如果务实主义和自我意识难以抉择，应当选择务实。
5. 切勿因为即将结束谈判或急于成交而影响你的判断能力，以至于忽视最后几轮可能出现的问题。

延伸阅读

1 Closing a deal? Eight negotiation tactics to ensure a positive outcome. Forbes. 10/05/2021.
2 *Closing the Deal in Negotiations: 3 Tips for Sequential Dealmaking.* Harvard Law School. 09/11/2021.
3 *Masterful Negotiating* (2004), 2nd edn. Harvard Business Review.
4 Richemond, K. (2010) Closing the sale: The power of Negotiating to Win (Chapter 12). *The Power of Selling.* Saylor Foundation.
5 Techniques for improving your negotiating ability. *Negotiation Daily.* 31/08/2021.

第十四章

谈判后保持势头

英雄惜英雄,更懂凝聚之道。
——约翰·沃尔夫冈·冯·歌德

☐ **本章概要**
- 如何评估谈判是否成功
- 谈判结束后如何跟进
- 如何进行谈判关系管理
- 谈判未能达成交易时,该如何应对

如何评估谈判是否成功

谈判的结束,亦是新征途的起点。由于每次谈判的情况都不一样,你每次都能学到新东西。为了充分汲取经验,你需要评估并监测结果，以便下次有所改进。

既然我们已经确定，对于旨在达成可持续性协议（而非一锤子买卖）的谈判，其成功的关键在于，在任务与关系之间达成平衡，那么我们首先要评估谈判者的表现。为什么这很重要？谈判者代表着公司形象，也是践行其谈判使命的代言人。谈判者的任命与其他职位的任命类似，人与职位的契合度至关重要，所选谈判者需要具备特定的技能（见第十章）以及合适的性格。通过谈判者的表现来评估谈判结果，可以让你在未来的谈判中做出更明智的人员安排。

为了了解谈判者的情况，你应该检查他们在谈判前、谈判中和谈判后的表现。可以利用以下几个问题来评估谈判者的表现，评分范围为 1~5 分（1 分表示糟糕，5 分表示优秀）。

- 他们准备得有多充分？
- 他们在多大程度上实现了对方利益最大化，而非仅关注自身利益？
- 他们是否达到了公司的期望？
- 他们是否理解对方的需求？
- 他们与对方建立了什么样的关系？

- 他们是否创造了价值?
- 他们能否适应变化?

根据评分,你可以识别哪些方面存在不足需要改进,哪些方面表现良好。如果分数低于20,说明谈判者需要接受培训和/或额外指导。你可能已经注意到,对谈判表现的评估难以精确量化。在进行评估时,重要的是要牢记评估过程具有主观性。通常,错误比做得好的事情更容易被发现。以下是谈判者常犯的错误,可能会妨碍交易的达成:

- 只关注己方需求,忽视对方的需求。
- 价格重于其他因素。
- 被自我意识左右。
- 隧道视觉效应,看不到立场以外的可能性。
- 采取硬碰硬策略,缺乏变通与创意。
- 缺乏有效的沟通技巧。
- 有战略头脑,但人际交往能力较差。
- 过于努力寻找共同点以维护关系。

评估谈判的结果时,也应设立一个基准。结合准备阶段所做的假设来评估谈判者的表现,这种方式是合理的。鉴于此,你可以参考本书末尾的谈判框架,进行全方位的审查。下面的"谈判评估检查清单"是对该矩阵中主要问题的精炼概括。

> **谈判评估检查清单**
>
> - 谈判结果是否反映了使命宣言？你对"我们将如何取胜？"的回答是否与实际的取胜方式一致？
> - 你是否成功实现了设定的目标？
> - "谈判是为了什么？"这一问题所指向的目的是否已经达成？
> - 谈判达成的交易是否在最高的具体目标和最低的具体目标限定的范围内（而且没有低于"保留点"）？
> - 关于成交的决定是否基于对所有可用信息的准确评估？
> - 谈判结果是否优于你的最佳替代方案？
> - 谈判结束后与对方的关系是否会得到加强？
> - 交易是否增加了价值（有形的和无形的）？
> - 交易是否具备可执行性？
> - 协议是否营造了健康的谈判文化？
> - 你能从过去的谈判中汲取哪些经验教训，以提高你（和/或你的团队）下次谈判的表现？

谈判结束后如何跟进

在谈判结束后，要继续保持专注——达成交易并不意味着结束。如果尚未完成所有必要的步骤，在谈判结束后，你应该正式确定协议内容并准备合同。文件的正式程度可能会因交易类型、双方关系（尤其是信任程度）以及文化背景的不同而有所差异。因此，正确理解具体情况至关重要。记得有一次我受命为一家在东欧设有办事处的大型跨国公司进行谈判培训。在商定培训范围的过程中，我收到了一份 27 页的合同，其内容针对的是一场为期两天的研讨会。我的第一反应是客户不信任我，试图通过这份详尽的合同来保护他们的知识产权免受外部顾问的侵害。这使得我的谈判方式有些保守。我们花了大量时间就合同条款进行谈判，而实际上，把这些精力用于讨论培训内容可能会更有益。当时我并未意识到，客户的文化非常注重形式和风险规避，详细的合同是他们做生意的标准方式。未能准确理解这一背景，无疑让我在那次谈判中效率更低（在处理关系方面也表现得不够好）。这一经历教会了我一个道理：当你不了解对方的需求时，请别犹豫，要勇于承认自己不明白的地方。

接下来，你需要为交易的执行设定明确的时间期限和阶段性目标。在谈判过程中，时间由你掌握，缓慢推进并有耐心是有益的。但在谈判结束后，情况会发生动态变化。交易达成后，时间可能会成为一个不利的因素。人们可能会陷入一种不同的工作范式中：一旦交易达成，人们就不愿意付出过多的精力。一些谈判者会陷入被动应对的模式，但这是不可取的。你需要确保交易进程持续推进，不要让事情停滞不前或迷失方向。

同样地，在灵活性方面也存在类似的反向变化。在谈判期间，形势可能随时发生变化，谈判者需要具备随机应变的能力。但是在谈判结束后，灵活性应该有所降低，你需要坚定执行已达成的交易。

为了有效管理时间，建议明确规定谁负责做什么以及何时完成（即"3W"——谁、做什么、何时完成）。任务分配不明确，会阻碍交易的顺利执行。为了避免这种情况，应该确定在过渡和执行交易期间的关键参与者。

谈判过程本身与谈判结束后的交易执行阶段还有一个区别，那就是很难控制交易执行阶段的参与人数。因此，在交易达成后做决策时，必须确保所有利益相关者都参与其中。

为了确保执行过程顺畅无阻，要让新加入的参与者了解你方的期望。双方应该拥有相同的期望，以免任何一方感到被欺骗。

保持任务和关系的平衡依然至关重要。请务必与关键谈判伙伴保持密切合作，确保培养良好关系，这将是成功的关键所在。

无论是谈判前、谈判中，还是谈判后，都要保持积极的心态。心法与方法相辅相成，方能走向成功。庆祝取得的成就，可以独自庆祝，也可以和你的谈判伙伴一起庆祝。通过奖励自己，你将更有动力投入到未来的工作中。高风险谈判耗神费力，让人身心俱疲，为何不在下一次重大谈判之前休个假，放松一下呢？

谈判关系管理

由于谈判是一种人际互动，因此，在这个过程中，保持积极的势头至关重要。从头到尾心态积极，充满活力，是通往未来更多谈判的黄金桥梁。以下是一些关于在谈判后巩固双方关系的建议。

创造专属于你和谈判伙伴的**联谊活动**。例如，在网飞电视剧《金装律师》（*Suits*）中，哈维和唐娜有一个"开罐仪式"，每当他们有重大事件要庆祝时就会举行这一仪式。观众从未得知仪式的具体细节，而这正是其妙之处——分享秘密的感觉会使这种联谊体验更加独特。

记录下重要的日子,例如纪念日、生日以及其他对你的谈判伙伴而言有特殊意义的日子,在这些日子向他们送上祝福。著名美国商人和作家哈维·麦凯(Harvey Mackay)推荐人们使用经典的罗乐德斯旋转式名片夹(Rolodex,一种以卡片的形式保存姓名、联系方式和备注的文件夹,可通过水平旋转的圆筒来翻阅卡片)。如果你更喜欢电子记事本,现在也有许多数字应用程序可供下载使用。

发送**个性化的消息**,最好是手写的,或者至少要有亲笔签名。通过邮寄一封简短的感谢信,体现你为了让谈判伙伴感受到你的感激之情所付出的额外努力。在这个鲜少有人寄送感谢信的时代,一封感谢信的到来会显得更加珍贵。

了解谈判伙伴的喜好,送符合他们品位的**小礼物**。礼物不必奢华,也不应该贵重,因为这可能会让对方感到不适,而且在某些法律体系中,昂贵的礼物会被视为贿赂。挑选礼物应该深思熟虑,且别出心裁,关键是礼物要足够个性化,令人难忘。

邀请你的谈判伙伴及其团队共赴一场**庆祝盛宴**。选择一个风景宜人、口碑绝佳的餐厅,那里美食可口,服务一流。毋庸置疑,你应该全额支付餐费,不要分摊费用。同时，保持低调，不要向他们展示最终的账单金额。大多数高档餐厅都有"女士菜单"——不显示餐价的菜单。你可以提前致电预订，安排餐厅为你的客人准备这种菜单。

在战略层面上，如果你的谈判伙伴在交易结束后仍有未满足的要求，你可以考虑**满足他们的一个轻度要求**。需注意：这应该是对你影响最小的让步，同时应向对方表明，这是一种特殊的礼节性表示。

凝聚力——团结协作的纽带

在谈判期间，谈判者作为主要发言人需要发挥积极作用。在谈判结束后，他们的角色会发生些许变化。此时，谈判者的职责是成为安全的基石，其重点工作应该是通过凝聚力来建立信任，以推动进程向前发展。

如图14-1所示，凝聚力周期包含三个阶段。当双方开始谈判时，他们进入了一个相互依赖的系统——他们需借助对方之力，来实现各自的目标。这标志着凝聚力的初步形成。如果谈判能够兼顾任务和关系，双方之间的联系将会更加紧密。当谈判结束时（无论是否达成协议），便到了分离的时刻。任何结束都会带来一种因环境变化而产生的失落感，这会使人伤感。

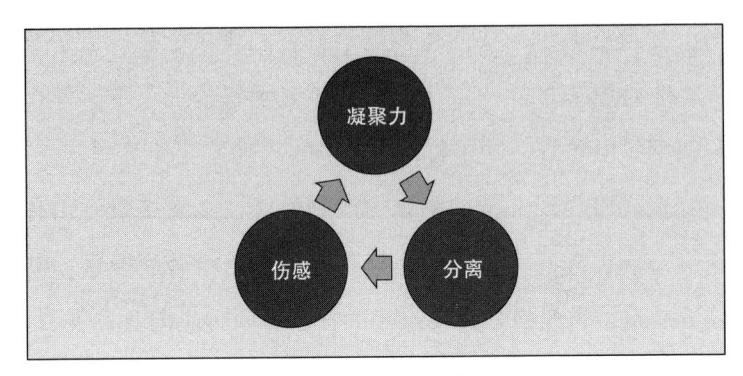

图 14-1　凝聚力周期

虽然在旧秩序结束后感到伤感是一种自然的心理反应，但鲜有商业专业人士愿意流露出这种情绪，因为这会被视为不"专业"。然而，忽视谈判后的伤感阶段可能会对任务的执行以及双方之间的关系造成严重损害。在谈判结束后保持积极势头时，也应留出一点心理空间，让人们从心理上面对并接受旧有事物的消失（即谈判前双方所处的现实环境以及谈判过程本身的消失），并过渡到一个新的开始。

> **专家观点**
>
> 加里·诺斯纳（Gary Noesner）
> 美国联邦调查局危机谈判组前组长（现已退休）
>
> 　　从本质上讲，无论是在正常的个人生活、工作中，还是在解决冲突的场景中，生活中的一切都依赖于人

际关系。如果我们想影响对方，首先必须与他们建立关系。而要建立关系，我们与他们之间需要有一条纽带。信任是形成这种纽带的一个基本要素。建立关系的第一步是，学会倾听。这是一个需要我们积极投入的过程，包括关注对方的需求，承认对方的观点（但这并不意味着同意），表现出想要了解更多的兴趣，以及识别并回应对方的情绪。这是因为人们本质上都希望被倾听、理解和欣赏。

每个人都希望得到他人的尊重，活得有尊严。要实现这一点，需要具备的一个关键因素是亲和力，其本质在于有吸引力、真诚和善解人意。它促使人们乐于合作，避免冲突升级。即使在充满挑战和意见分歧的时候，如果我们有亲和力，更加开放地对待对方的观点，就会让对方感到被倾听。你最好让人们觉得他们所说的内容很重要。

对于美国联邦调查局的谈判专家而言，建立信任和形成凝聚力的过程被称为"行为改变阶梯"。在谈判过程中，重点不是立即解决问题，也不建议提出现成的解决方案。你需要先赢得提出解决方案的权利。因此，先花时间建立关系，然后再来处理问题。

谈判结束后未达成交易,仍继续保持势头

上述保持势头的技巧和方法,适用于已经达成交易的情况。但现在需要解决的问题是,如果没有达成交易,那该怎么办?毕竟这也是一个完全可能出现的结果。在这种情况下,你需要关注两个方面:内部方面和外部方面。

首先,谈判结束后未达成交易,不要惊慌,也不要开始怀疑自己的谈判能力。把过去的谈判看作一次学习的机会,而不是对自己能力的否定。可以进行内部复盘,从战略、与对方的关系以及自己的谈判态度方面进行分析,复盘谈判过程中发生了什么,有哪些环节可以做得更好。不妨运用我们在第一章中学到的"让时光倒转"技巧。

复盘结束后,要着眼于事物的积极面,为未来积累心理优势。如何从谈判后的低谷中重新站起来,将决定你未来的表现。如果因未达成交易而不再自信,你将会陷入"自我实现预言"的恶性循环。与其如此,还不如继续磨炼你的谈判技巧。

其次,在外部方面,虽然你肯定不再像以前那样重视这段关系,但这并不意味着你应该完全忽视你的谈判伙伴。无论谈判结果如何,你都要继续维持这段关系。在人生的旅途中,你会与某些人相遇两次:第一次是在你处于人生

上升期时，第二次是在你处于人生低谷期时。给对方发送一条消息吧，感谢他们与你共同走过的旅程以及付出的努力。具体说明你在互动中欣赏对方的点，这可以显示出你关注并真正重视他们。

你还可以请他们对你的表现给予真实的反馈。这将帮助你找出今后需要改进的地方。在倾听他们的批评时，请保持开放的心态。总有些事情不尽如人意，因此要准备好接纳他们的不满。此时，无须反驳或辩解，只需认真倾听、深刻反思并努力改进。若有可能，不妨请对方引荐，这可能会为你打开未来商机的大门。

最重要的一点是与对方保持沟通。你永远不知道将来这会带来什么。询问对方是否介意你在有其他机会时再次联系他们。一般来说，人们更愿意与他们已经认识并觉得可以信任的人做生意。你的目标是维系与谈判伙伴的良好关系，并赢得他们的忠诚。要做一名农夫，而不是猎人——维持和培养与对方的关系。

务必秉持终身客户的理念，信守你在谈判中可能做出的任何承诺。不仅如此，超额交付是加强关系的一个好方法。很少有人在谈判后付出额外的努力，而这正是你可以彰显个人特色的地方。让你的优雅态度和高专业水准成为你个人谈判的品牌。

> **要点总结**
>
> 1. 评估结果时，应进行战略检查，并回顾谈判者的表现。
> 2. 谈判后不要忘记你的目标——交易达成并不意味着一切结束。
> 3. 通过谈判关系管理，在关系层面保持活力。
> 4. 在开启新谈判之前，留出一点时间，让自己在心理上接受过去的结束。
> 5. 凭借你的优雅举止和职业素养，让他人愿意在未来与你合作。

延伸阅读

1. 10 tips before, during and after you negotiate. 2021. QBE.
2. Hamza-Goodacre, D., Jefford, S. and Simister, N. (2013) Supporting international climate negotiators: a monitoring and evaluation framework. Climate and Development Knowledge Network. November 2013.
3. Honig, A. (2010) *You Closed the Deal, Now What? 6 Things to Do After the Sale.* Customer Think.
4. How to manage customer relationships after closing deals. 2019. Freshdesk Blog.
5. O'Hara, C. (2016) How to bounce back after a failed negotiation. *Harvard Business Review.*
6. Patel, N. (2015) *How to Win Your Negotiation While Preserving Good Relationships.* Forbes.

结　　语

无论是在专业领域还是其他领域，高效谈判都是一种特定的类型。赌注越大，过程中牵涉的情感反应就会越强烈。在这类交易中，将战略目标与关系建设结合起来是成功的关键。高效谈判始于谈判者的心态——他们认为对自己或所代表的一方而言，什么是重要的。这种态度所产生的思维方式可以决定交易的成败。

因此，在进行谈判过程的战略设计时，首要条件便是具备自我管理能力——能够驾驭自己带入谈判的恐惧、希望和愿望的能力。任何战术或方法都无法取代你对自身谈判能力的真正信念。然而，遗憾的是，光有信念还不够。自信来自对谈判过程的掌控。先关注自己、做好准备并保持自控是非常重要的。这也是本书的目标——先培养正确的谈判心态，然后协助你完成谈判过程的各个步骤：明确需求；组建谈判团队；设定期望值并明确哪些条件是你可以接受的，哪些是你不能接受的；充分利用时间。

个人层面的赢家心态相当于战略层面的谈判使命。使命是为了明确你的前进方向，就像一个指南针，指向那些有助于你实现目标的行为和行动。使命宣言可以创建一种特定的谈判文化，使你和你的公司在竞争中脱颖而出。设定目标（即为完成使命而实施的具体计划）、确定目的、设定具体目标和选择最佳策略，这些都是履行使命的策略工具。

成功执行高风险谈判还包括了解各种方案可能带来的结果（包括物质和非物质方面的），以及如何优化这些结果以完成你的谈判使命。双方参与谈判，是因为他们都需要从中有所收获以实现自己的目标。否则，就没有谈判的必要。只要有交流，就表明各方都有利益需求。你的任务是识别对方的需求，找到解决他们问题的方法，同时确保你的目的能够实现。

谈判不仅是一个过程，更是人与人之间的互动。关键是要了解什么对另一方有价值，以及如何通过创造价值来促成一个双方满意且对双方都有利的交易。在高风险的谈判中，双赢应被视为比确保单方面胜利更重要的目标。如果你发现了自己和对方的需求，那么就可以利用这些需求来取得一个好的结果。因此，在某种程度上，你是在利用双方的目标来达到自己的目的——这就是将内部协调与外部谈判对接起来的桥梁，也是任务与关系的结合点。当然，即便你做对了一切，也有可能无法成功交易。未达成交易并不等同于双方意见不合，有时，相较于达成一个不理想的结果，优雅地退出更为合适。

谈判风格和方法就是你（和/或你的团队）的品牌。如何设计合适的谈判环境，以及如何主导谈判的启动、进行和收尾，都是衡量一个谈判者高效与否的标志。在谈判中和谈判后展现出优雅的风度，不仅是对另一方的礼节，更是给自己的礼物，其价值超越了谈判本身。

是时候开始行动了。熟能生巧，准备工作是关键，但请记住，在整个过程中，只要目标依然明确，你就要保持开放的心态，随时接受方向上的调整。现实中总是充满不确定性，风向改变时，前进方向也需要随之调整。请利用好这本路线图，积极主动地灵活变通，并对创造性的解决方案持开放态度。祝你谈判成功，收获颇丰。

要 点 汇 总

第一章　谈判之道，源于内心

1. 谈判中，你要战胜的最关键的对手其实就是你自己。
2. 谈判是人与人之间的互动。
3. 谈判面临的挑战是普遍存在的，你和其他谈判者很可能面临同样的挑战。
4. 你可以把控自己的心态，只有你自己才能让自己发挥出全部的谈判能力。
5. 聚焦自身优势，不要让挑战阻碍你的前进。

第二章　谈判使命宣言

1. 缺乏明确的谈判使命是一种战略劣势。
2. 在高风险谈判中，谈判使命旨在清楚地告诉所有人你的目标是什么。

3. 价值观说明了有助于实现目标的行为和行动。
4. 谈判前,首先回答这个问题:我们将如何取胜?
5. 确保谈判使命和价值观相互兼容,相辅相成。

第三章 设定目标

1. 目标是一个宽泛的概念,指明了你希望达成的最终状态,而具体目标则有助于衡量你在多大程度上达成了最终状态。
2. 目标不明确时,不要贸然开始谈判。
3. 目标应兼顾任务导向和关系导向。
4. 为自己设定具有挑战性的目标,但如果你方实现了这些目标,也不要让对方感觉太难受。
5. 如果情况发生变化,导致无法实现总体目标,那么请准备好重新评估你的目标,并立即退出当前的谈判/项目。

第四章 确定目的

1. 谈判目的确定了谈判目标的意图。
2. 询问"这么做是为了什么?",以此检验你的动机。
3. 为你的目的设定一组参数。

4. 区分有利于你达成目的的参数，消除那些会阻碍你的参数。
5. 在你的目的和对方的目的之间搭建桥梁，以共同致力于实现最终目标。

第五章　收集必要信息

1. 在谈判开始前，请确保自己已经掌握了所有必要的信息。
2. 从以背景为导向和以个人为导向两个层面收集数据。
3. 应用"询问－倾听－验证"的方法来收集信息。
4. 在信息收集过程中核实你所做的假设的准确性。
5. 找出对方的重要需求，并设计一种环境，让对方觉得需要从你这里获得某些东西。

第六章　决定谈判的最佳方法

1. 选择谈判策略时需要在任务与关系之间找到平衡点。
2. 根据你想要的结果来制定策略。
3. 想要建立长期合作伙伴关系，就应采用合作策略。
4. 走组合路径：竞争—回避—迁就—妥协—合作。
5. 无须牺牲关系来达成目标。

第七章 线上谈判

1. 线上谈判只不过是通过互联网转换了谈判视角。
2. 当人与人之间的直接接触受到限制时,在谈判过程中就更需要处理好关系问题。
3. 有丰富的线上工具可供选择,利用这些工具就可以在线上谈判中游刃有余。
4. 尽量减少任何潜在的数字干扰源。
5. 根据谈判者的喜好和你的预期效果来调整谈判媒介。

第八章 营造合适的谈判环境

1. 以积极的态度做好战略准备。
2. 营造三大谈判错觉:自主权和选择权的错觉、所有权的错觉与胜利感的错觉。
3. 在一场高风险的谈判中,内心越不安,外表就要越平静。
4. 在谈判过程中,既要做自己的主人,也要为对方当好东道主。
5. 建立信任关系,以真诚、诚恳和诚实的态度与对方互动。

第九章 在谈判中创造价值

1. 增值已成为行业标准,而创造价值则很稀缺。

2. 在谈判中创造价值始于改变以自我为中心的心态。
3. 一项持久的、可执行的协议不仅能实现目标，还能密切双方的关系。
4. 在与对方谈判的直接影响范围之外寻找外部价值。
5. 当你让对方相信你有替代方案并能为他们提供有吸引力的备选方案时，你对对方就更有价值。

第十章　在谈判中发挥主导作用

1. 谈判是管理能力和领导能力的结合。
2. 使用有限的权力（马普尔小姐的方法）比参与权力斗争更有用。
3. 在没有建立稳固关系的情况下行使权力，很难达成可执行的协议。
4. 一名优秀的领导型谈判者应该是对方愿意追随的人。
5. 确定谈判团队成员角色涉及战略规划和寻找合适人选。

第十一章　展开谈判

1. 开场是确立你的立场、与对方建立融洽关系并主导进程的关键时刻。
2. 要意识到锚定效应可能会影响你的感知。

3. 你可以设定一个锚点，并用它来提高你的提议的吸引力。
4. 在决定是否先报价时，采用以下方法：如果对你来说风险相对较低，并且想要测试对方如何评价你，就让对方先报价。
5. 要成为设计、提议和管理议程的人。

第十二章　成功应对谈判交锋阶段

1. 在提出要求之前先就流程达成一致。
2. 先呈现你的要求，然后倾听对方的要求。
3. 准备不同等级的要求，并将其分为重要要求、中等要求和轻度要求。不要遗漏免谈要求。
4. 注意措辞，谨慎表达你的要求。
5. 发现隐藏在要求背后的利益。

第十三章　成交

1. 当商定的条款能够执行下去，并且双方有可能建立持久的业务关系时，谈判才算结束。
2. 达成协议和未达成协议，都是结束谈判的有效方式。
3. 比较预期成本和收益，以确定是否有必要结束谈判。

4. 在进行成本收益分析后,如果务实主义和自我意识难以抉择,应当选择务实。
5. 切勿因为即将结束谈判或急于成交而影响你的判断能力,以至于忽视最后几轮可能出现的问题。

第十四章　谈判后保持势头

1. 评估结果时,应进行战略检查,并回顾谈判者的表现。
2. 谈判后不要忘记你的目标——交易达成并不意味着一切结束。
3. 通过谈判关系管理,在关系层面保持活力。
4. 在开启新谈判之前,留出一点时间,让自己在心理上接受过去的结束。
5. 凭借你的优雅举止和职业素养,让他人愿意在未来与你合作。

谈 判 框 架

谈判框架（见表 P-1）是有助于你应对即将进行的谈判的宝贵资料。它涵盖了谈判过程的所有步骤、阶段和要素，以及在谈判前、谈判中和谈判后需要注意的事项的分解指示，是准备、评估和监控谈判进度的工具。在该表上投入的时间将帮助你保持对既定目标的追踪，从而帮助你在谈判中收获回报。

1. 三层准备：

    （a）你（自我管理）

    （b）战略

    （c）关系

2. 确定使命宣言——我们将如何取胜？
3. 确定目标——实施完成使命的具体计划
4. 确定目的——为了什么？
5. 确定具体目标（最大值和最小值）
6. 收集信息，了解合作伙伴情况

7. 选择策略：

（a）竞争

（b）妥协

（c）回避

（d）迁就

（e）合作

（f）组合

8. 领导力——团队角色分配

9. 营造合适的环境

10. 议程设置

11. 开场报价（议价空间、锚点）

12. 要求（分类和重要等级）

13. 确定利益与立场

14. 最佳替代方案（谈判外）——持续努力（谈判前、谈判中和谈判后）

15. 备选方案（谈判内）

16. 沟通（语言、非语言、副语言、线上沟通）

17. 成交和执行

表 P-1 谈判框架

谈判前	谈判中	谈判后
1		
2		
3		
4		
5		
6 收集信息	6 核实信息的准确性	
7 有关策略选择的假设	7 根据合作意愿进行调整	
8	8 领导谈判	
9 现场准备	9 在谈判中营造适当的氛围	9 通过谈判关系管理保持合作关系
10 议程准备	10 介绍议程	
11 准备开场报价	11 开场报价	
12 准备要求	12 表达要求	
	13	
14	14	14
15 在谈判之内（你有哪些备选方案）	15 在谈判之外，与另一方（有哪些共同备选方案）	
16	16	16
	17 成交	17 执行

术 语 表

迁就（accommodation）：被称为屈服或损己利人，是一种将人际关系放在首位而自身需求得不到满足的谈判策略，合作程度高，但决断力低，是一种在家庭或恋爱伴侣之间普遍存在的行为模式。

锚定（anchoring）：初次报价所划定的范围，这个范围将作为参考点，另一方将围绕此范围提出报价，这是一种展示期望和标准的强烈信号。

预期情绪（anticipatory emotion）：想象自己已经取得某项进展后的心情，以激励自己争取预期结果和立刻采取行动。

回避（avoidance）：一种两败俱伤的谈判策略，是拖延或不采取行动的代名词。双方合作水平和决断力都很一般。

最佳替代方案（best alternative to a negotiated agreement，BATNA）：在特定情况下或与特定伙伴无法达成一致时，在谈判之外的替代方案（与谈判时的备选方案相对）。

回旋镖效应（boomerang effect）：当谈判对手认为报价过高而回敬一个同样离谱的价格时，不合理的报价会产生负面影响。双方有可能陷入自我斗争，从而转移对任务的注意力。

合作（collaboration）：一种兼顾任务与关系的原则性谈判方法，与常见说法"双赢"同义。其核心是找到一种既能有效分配资源，又对双方公平，还能加强双方关系的协议，包括识别谈判双方立场背后的利益，确定哪些需求是固定的，哪些是灵活的，然后创造性地制订方案来满足这些需求。

竞争（competition）：以权力为基础的谈判策略之一，被称为损人利己法。其特点是行为强势，提出要求而不是寻求共同利益，不愿做出让步，坚持满足己方的需求。

妥协（compromise）：指谈判中同时损己利人和损人利己的策略，因为双方都有所得失。这是一种简单快捷的分配方式，双方将有限的资源对半分配，不需要花费太多的时间或做出创造性的努力，但这种策略无法使资源效用最大化。

让步（concession）：指一方为回应另一方的要求而放弃某些东西，以换取其他东西的策略。让步方应以价值较低的物品换取价值较高的物品。

对方（counterpart）：用于描述谈判桌上另一方的名词，使用这一名词可能会导致谈判态势更具竞争性或陷入僵局。

僵持（deadlock）：指谈判各方都在等待另一方采取行动，难以取得进展的情形。在谈判各方都坚持自己固有立场的时候就会出现这种局面，此时需要打破僵局，或放弃谈判。

要求（demands）：谈判中的交易筹码，构成谈判的主体部分。要求应按重要性顺序排列，并用于做出让步。

框架（framing）：指通过限制对方谈判者的选择来构建动态关系，以达到自己的目的。在可控范围内提供选择，例如，询问对方在合同上用哪种墨水签字，蓝色的还是黑色的。选择权在对方，但唯一的选择就是签署合同。

组合（hybrid）：指其他五种谈判策略（竞争、合作、回避、迁就和妥协）的组合，根据谈判伙伴的类型、谈判目标、谈判态势和情境背景而定。

僵局（impasse）：双方无法达成协议的情况，相当于僵持。

印象管理（impression management）：试图控制或改变自己给人留下的印象。

需求（needs）：刺激行为的一系列要素。根据马斯洛的需求层次理论，需求分为五个层次，包括生理需求、安全需求、社交需求、尊重需求和自我实现需求。

利益（动机）[interests（motives）]：立场背后的深层因素，即一个人想要某样东西的原因。

谈判（negotiation）：一个不断调节自身认知的过程，在这一过程中，具有共同及不同需求和利益的双方试图达成一个双方都能接受的协议，以协调双方的需求和利益。理想情况下，这是一个由理性而非自我或情感推动的过程。谈判包括两个要素——任务和关系，且由资源的稀缺性驱动。

谈判促进法（negotiation booster）：一种综合性方法，将谈判中与任务相关的方面和潜在的情绪因素相结合。这是一种自我管理工具包，旨在通过个人赋能来掌控情绪、自我和压力。

谈判伙伴（negotiation partner）：用于描述谈判桌上另一方的名词，是一个有可能形成更具合作性谈判氛围的标签。

谈判者（negotiator）：具备谈判技能并受过专业谈判训练的人。他能洞察全局（而专家会负责处理细节），控制情绪，在谈判的任务和关系之间架起桥梁，并能执行谈判策略。

目的（objective）：在谈判中想要得到的东西。

开场报价（opening offer）：谈判中摆在桌面上的第一个报价，会产生持久影响，应尽可能接近对方勉强可接受的条件。可参见"锚定"。

对手（opponent）：用于描述谈判桌上另一方的名词，是一个感情色彩强烈的标签，可能会导致谈判气氛具有竞争性和对抗性。

备选方案（options）：当不存在议价空间但双方仍希望达成协议时引入的创造性解决方案。备选方案是谈判之内的方案，与最佳替代方案相对。

伙伴关系（partnership）：双方为长期合作而兼顾任务与关系两个因素的合作方式。

副语言交流（para-verbal communication）：三种交流方式之一（其他两种是语言交流和非语言交流），包括语言的各种传达方式，如语气、音调、语速、节奏、停顿等。

范式（paradigm）：观察世界的视角。

感知（perception）：指的是我们如何识别、整理和解释信息，从而形成对周围环境的理解。

立场（position）：谈判中，"你想要什么"的部分。可参见"利益（动机）"。

诱导（priming）：一种心理刺激和思维引导方式，会影响对方的反应，并可能引发预期的行为。

互惠原则（reciprocity principle）：一种自己对对方的态度取决于对方对自己的态度的倾向。

保留点（reservation point）：一个人在离开谈判桌之前愿意接受的最低限度。

相似性原则（similarity principle）：根植于人类心灵深处的一种强烈欲望是寻找共同点，这种心理倾向能拉近谈判双方的距离。

策略（strategy）：将权力与合作结合，以实现谈判目的。

战术（tactics）：实施谈判策略的工具，因情境、谈判类型和谈判对手而异。

隧道视觉（tunnel vision）：只关注问题，看不到全局和创造性的解决方案或替代行动方案。

线上谈判（virtual negotiation）：试图达成协议的双方在没有面对面互动的情况下进行的交流，可采用文本形式（如即时消息或电子邮件）或语音形式（如电话、视频会议）。

议价空间（zone of possible agreement，ZOPA）：买方愿意支付的最高价与卖方愿意接受的最低价之间的差价。